# 영어로 쓰는 일기

―일기로 배우는 영작문―

임영규 편저

서림문화사

# 머 리 말

우리는 중학교 교과 과정에서부터 시작하여 짧게는 6년, 길게는 10여 년의 기간 동안 공식적인 영어 교육을 받는다. 중학생들의 영어 학습은 그 과정의 출발점이라 할 수 있다. 그럼에도 불구하고 향후, 여러 해가 지난 뒤에 영어를 실용화하지 못하는 것은 우리의 영어교육이 입시와 문법 위주로 이루어지고 있는 데 그 원인이 있다.

따라서 이를 극복하자면, 영어는 우리의 모국어가 아니기 때문에 영어를 손에서 놓지 않고 생활의 일부로 만드는 길밖에 없다.

이에 가장 적합한 방법이 '영작'이라 생각되며 그 구체적인 실천으로 영어 일기를 권한다. 영어로 일기를 쓰기에는 아직 첫걸음 단계에 있는 중학생들에게는 너무 벅찬 일이 될 것이다. 우리 국어로 쓰는 글이 아니므로 처음에는 문법적으로 틀리고 혼동될 수 있다. 그러나 개의하지 말고 계속 진도를 나가기 바란다. 영작 속에는 단어의 훈련과 문장의 의미 외에도, 문장의 구성 원리가 포함되어 있다. 이러한 문장의 구성 원리는 잘못을 거듭하면서 자연스럽게 익혀지게 되며, 그때 비로소 문법적인 잘못을 고치도록 노력하면 된다. 이것이 영어 학습의 지름길이라는 것도 그때 이해하리라 믿는다.

영어 일기는 다음과 같은 방법으로 진행해 나가기를 권한다.

처음에는 문장의 완결성을 염두에 두지 말고 의미가 되는 단어를 찾는 것으로 시작한다.

두번째, 단어가 어느 정도 갖춰지면 주어, 동사를 갖춘 문장을 만들어 본다.

세번째, 문장의 작문이 되면 문장들 사이의 전후를 의미가 연결되도록 배열한다.

이상과 같은 단계적이고 꾸준한 훈련을 통해 흥미있는 영어의 길에 들어서기를 바란다.

## 차 례

1. 영어로 일기는 어떻게 쓸까요 ─── 7
2. 영호의 일기 Ⅰ ─── 21
    My brother and I ─── 23
    Pen-Pal ─── 29
    What I want to be ─── 35
    New Year's Day ─── 41
    Spring ─── 46
    My garden ─── 54
    Go to church ─── 59
    Park-1 ─── 64
    Fruit ─── 71
    Showing the way ─── 78
    Nam-Gil's Birthday ─── 84
    Summer ─── 90
    My face ─── 97
    On a rainy day ─── 103
    Daily life ─── 109
    Aunt's house ─── 115

Friend ——— 119
Test ——— 124
Mung-chi ——— 131
My favorite season ——— 139

3. 영호의 일기 Ⅱ ——— 147
　The practice teacher ——— 149
　Seoul, my city ——— 154
　Basketball ——— 160
　Game ——— 167
　Examination ——— 173
　My Room ——— 179
　Greco-Roman Myths ——— 185
　Quarrel ——— 192
　Park-2 ——— 197
　Fever ——— 203
　Rival ——— 208
　What a wonderful game it was! ——— 213
　Climbing ——— 218
　English study ——— 225
　School picnic ——— 230

해답 ——— 235

# 1
## 영어로 일기는 어떻게 쓸까요

## 1) 날짜(Date)와 날씨(Weather)

　날짜와 날씨는 일기를 쓸 때 제일 머리 부분에 쓰는 것입니다. 그 방법은 영어나 우리말이나 별 차이가 없습니다. 가령 '1994년 1월 1일 월요일 맑음'이라고 쓰여진 우리식 일기를 영어로 바꾸어 보면 Monday, January 1, 1994 Fine 이라고 옮기면 됩니다. 여기서 꼭 알아 두어야 할 것은 영어로 일기 쓸 때 날짜를 약어로 표현하는 것입니다. 그러기 위해선 각 달과 요일의 약어를 알아야 하겠지요. 약자를 쓸 때는 끝에 약자라는 표시로 마침표를 찍습니다.

|  | (정식) | (약어) |
|---|---|---|
| 1월 | January | Jan. |
| 2월 | February | Feb. |
| 3월 | March | Mar. |
| 4월 | April | Apr. |
| 5월 | May | May |
| 6월 | June | Jun. |
| 7월 | July | Jul. |
| 8월 | August | Aug. |
| 9월 | September | Sep. |
| 10월 | October | Oct. |
| 11월 | November | Nov. |
| 12월 | December | Dec. |

| | | |
|---|---|---|
| 월요일 | Monday | Mon. |
| 화요일 | Tuesday | Tue. |
| 수요일 | Wednesday | Wed. |
| 목요일 | Thursday | Thu. |
| 금요일 | Friday | Fri. |
| 토요일 | Saturday | Sat. |
| 일요일 | Sunday | Sun. |

날씨에 관한 표현도 알아볼까요.

| | |
|---|---|
| 맑음 – Fine | 청명한 – Bright |
| 추움 – Cold | 흐림 – Cloudy |
| 햇볕이 뜨거움 – Sunny | 상쾌함 – Crisp |
| 비옴 – Rainy | 바람이 붐 – Windy |
| 건조함 – Dry | 더움 – Hot |
| 습함 – Humid | 눈옴 – Snowy |
| 시원함 – Cool | 맑게 갬 – Clear |

이것을 응용해서 사용해 볼까요.

비온 후 흐림 – Rainy later cloudy

눈온 뒤 맑음 – Snowy later fine

※ later [léiter 레이터] – 보다 나중에.

1. 영어로 일기는 어떻게 쓸까요?  11

──────────────────────── 쉬어 가는 코너

• 철수와 영숙이가 각각 영어로 일기를 쓰다가 빈 곳을 남겼습니다.

　뭐라고 쓰면 될까요? 여러분이 써 주세요.

※ 철수의 일기

　__월요일__ .Feb. 14,  Cloudy all day

※ 영숙이의 일기

Thu., Jan. 27, __비온 뒤 맑음__

〈해설〉 월요일은 Monday라고 쓰든가, 아니면 약어로 Mon.이라
고 쓰면 됩니다. all day는 하루 종일이란 뜻이에요.
　그리고 비온 뒤 맑음은 Rainy later fine이라고 쓰면 되겠지요.
어때요? 쉽지요.

## 2) 본문

앞장에서 우리는 머리말에 해당하는 날짜와 날씨 쓰는 방법을 알아보았습니다. 이제는 본격적인 일기를 써 봐야죠. 일기는 내가 쓰는 글입니다. 그러므로 나라는 'I'는 생략해도 됩니다. 그 대신 첫 글자인 동사는 대문자로 써야겠지요. 그러나 아직 영어가 서툴다고 생각되는 사람은 'I'를 그대로 쓰도록 하세요. 그리고 어느 정도 일기에 익숙해지면 그때 생략해도 괜찮습니다.

또한 일기는 지나간 시간의 이야기입니다. 우리말로 된 일기에는 간혹 멋을 부리느라 현재 시제로 쓰는 경우가 있습니다. 그러나 여러분은 꼭 과거 시제로 쓰도록 하세요. 영어의 과거는 글자 모양이 많이 바뀝니다. 여러분이 영어 교과서 뒤에 실린 동사의 시제 변화표를 참고하시면 도움이 많이 될 겁니다.

그리고 무턱대고 써 나가기보다는 그날 있었던 일을 돌이켜 보며, 가장 중요한 일 한 가지만 골라내어 제목을 만들어 일기를 써 보도록 하세요.

〈초급 영어 일기〉

예 1)
# My morning life

Date : Wed., Mar. 2    Weather : Cloudy and windy

(I) Get up at six. (I) Make the bed.
And (I) go to the bathroom.
(I) Wash my face.
(I) Put on my sweater.
And (I) go down stairs.
(I) Go to the kitchen.
(I) Eat breakfast.
And (I) say good-bye to my family.

〈도움 단어〉
get up   일어나다.
put on   옷을 입다.
go down  내려가다.

## 나의 아침 생활

날짜 : 3월 2일 수요일    날씨 : 흐리고 바람이 붐

(나는) 여섯시에 일어난다. (나는) 침대를 정리한다.
그리고 (나는) 욕실로 간다. (나는) 세수를 한다.
(나는) 스웨터를 입는다. 그리고 (나는) 계단으로 내려간다.
(나는) 주방으로 간다. (나는) 아침을 먹는다.
그리고 (나는) 가족들에게 학교 다녀오겠다고 인사를 한다.


### 도움말

◆ 이 일기는 아침이면 누구나 경험하는 일들을 제목으로 잡아 순서대로 써 나간 것입니다. 여기서는 시제가 모두 현재입니다. 아직 여러분이 동사의 시제 변화에 익숙치 않을 것 같아서 현재 시제로 써 놓았습니다. 어느 정도 시간이 지난 후에는 과거 시제로 쓰도록 하세요.

◆ 위의 일기를 봐서도 알 수 있듯이 한 문단 안에 주어 'I'가 무려 9번이나 들어가 있습니다. 이런 것은 효율적이지 않겠죠. 가령, '나는 여섯시에 일어난다. 나는 침대를 정리한다.' 라고 쓰는 말과 '여섯시에 일어나서 침대를 정리한다.' 와는 같은 뜻입니다. 구태여 'I'를 고집할 필요가 없다는 거죠. 하지만 읽기에는 'I'가 있는 것이 편합니다. 그것은 아직도 우리가 너무나 읽는 영어에만 익숙해서 그렇습니다. 쓰는 영어도 그만큼 중요합니다.

──────────────────────────── 쉬어 가는 코너

● 사전 보는 방법

  영어를 공부하는 데 있어서 가장 중요한 것은 단어와 숙어를 정확히 익혀 습득하는 일입니다. 그러기 위해선 사전을 올바르게 이용해야 합니다.

  다음에 일러주는 방법을 잘 익혀서 사전과 친해지도록 하세요.

news·pa·per [njúːzpeipər] n. 신문. a daily~ 일간 신문.
dish [diʃ] n.(pl. ~es) ① 큰 접시. ② (the ~es) 식기. ③ 음식.

1. 영어 단어가 길 때는 소리를 끊어서 표시합니다. news · pa · per는 3개 소리로 끊겨 있습니다.
2. [ ] 괄호 안에는 그 단어를 소리 내는 발음 기호가 적혀 있습니다. 발음 기호에 관해서는 사전 앞 부분에 자세한 설명이 있으니 그것을 참고하기 바랍니다.
  [njúːzpeipər]는 우리말로 옮겨 보면 뉴즈페이퍼로 소리 납니다. 그리고 ′가 표시된 곳은 큰소리로 읽어야 하는 부분을 가리키는 것입니다.
3. 발음 기호 옆에는 n.이니 a.니 v.니 하는 것이 있습니다. 이것은 단어의 역할을 가리키는 것으로서 n.은 명사, a.는 형용사, v.는 동사를 가리킵니다.
4. 복수가 되거나 그밖의 이유로 철자가 변하는 것을 ( ) 안에 표시합니다. pl.은 복수로 쓰인다는 뜻입니다.

5. 번호는 가장 널리 쓰이는 순서대로 정해진 것입니다.
6. ~는 단어 자체를 표시합니다. 예를 들어 a daily ~는 a daily newspaper와 같은 말입니다.

**재미있는 영어 이야기**

우리는 무슨 결정을 할 때 주로 가위, 바위, 보를 사용합니다. 그러나 서양 사람들은 스포츠 경기에서도 자주 볼 수 있듯이 동전을 던져 어떤 일을 결정합니다. 동전을 던진 후 '앞 또는 뒤'하고 말한 후 자신이 말한 면이 나오면 이기는 것입니다.

1. 영어로 일기는 어떻게 쓸까요? 17

〈중급 영어 일기〉

예 2)  **My Family**

Date : Sun., Feb. 27    Weather : Rainy

My father is a teacher. My mother is a nurse. And my elder brother is a high school student, who is tall. And he likes playing basketball. He is good at basketball.

〈도움 단어〉

elder 손위의.
like ~ing ~하기를 좋아한다.
is good at ~에 능한.

## 나의 가족

날짜 : 2월 27일 일요일    날씨 : 비

아버지는 선생님이다. 어머니는 간호사이다. 그리고 형은 고등 학생이다. 형은 키가 크다. 그리고 그는 농구 경기 하기를 좋아한다. 그는 농구를 아주 잘한다.

※도움말

◆ 자기 가족에 관해서 쓰려면 이와 같이 쓰면 됩니다. 직업이 무엇이고, 또 취미는 무엇이냐. 중요한 것은 그것을 표현하는 방법입니다. 만약에 아버지에 관해서 좀더 구체적으로 설명하려고 합니다. 뚱뚱하다고 하려면「He is fat.」하면 됩니다. 마찬가지로「어머니가 아름답다.」고 하는 것은「She is beautiful.」라고 쓰면 되구요. 이처럼 해서 자기 자신을 한번 표현해 보세요. 예를 들어,「나는 키가 크다. 나는 몸이 말랐다. 그리고 나는 달리기를 잘한다.」고 하려면「I am tall. I am thin. And I am a good runner.」하면 됩니다.

◆ 영어는 한 문장 안에 동사가 두 번 쓰일 수 없습니다. 그래서 likes playing 같은 말이 생긴 겁니다. 이것을 동명사라 부릅니다. 동명사는 문장 중에서 뒤에 오는 동사에「ing」를 붙여서 만든 말입니다. 예를 들어서「우리는 노래 부르기를 좋아한다.」고 하면,「We like sing a song.」이 됩니다. 그

러나 이 문장은 like와 sing이라는 동사가 한 문장에 두 번 쓰인 틀린 문장입니다. 'sing'에 'ing'를 붙여서 「We like singing a song.」하면 됩니다.

일기를 직접 써 보세요.

My English Diary

# 2
# 영호의 일기 I

***English Diary***

# My brother and I

Date : Wed., Jan. 26　　Weather : Cloudy

In some ways, my brother and I are almost the same.
I am tall and thin, and he is too.
I am a good student, and he is too.
But in other ways, he and I are very different.
I like music, but he doesn't.
He enjoys sports, but I don't.

〈도움 단어〉

almost [ɔ́:lmoust 올모우스트] 거의.
thin [θin 씬] 얇은, 홀쭉한.
too ~도 또한.
in other ways 다른 면에서는.
different [dífərənt 디퍼런트] 다른.
in some ways 어떤 면에서는.

## 형과 나

날짜 : 1월 26일 수요일     날씨 : 흐림

어떤 면에서, 형과 나는 거의 비슷하다.
나는 키가 크고 홀쭉하며, 형도 그렇다.
나는 착실한 학생이며, 형도 그러하다.
그러나 다른 면에서는, 형과 나는 매우 다르다.
나는 음악을 좋아하는데, 형은 그렇지 않다.
형은 운동을 즐기는데, 나는 그렇지 않다.

🌟도움말

◆ 우리말로 「~이다.」라고 할 수 있는 영어를 보통 be 동사라고 부릅니다. 이 be 동사는 귀찮게도 주어에 따라서 모양이 바뀝니다. 나(I)이면 am 이고, 너(You)이면 are입니다. 그리고 그(He)나 그녀(She), 그리고 그것(It)엔 is를 사용합니다. 또한 한 명이 아니고 여럿(We, They)이면 are를 씁니다. 이 be 동사는 우리말과는 다르게 쓰이므로 외워 두는 게 좋습니다.

◆ 우리말로 「~도 또한」이라고 쓰이는 영어가 too입니다. 가령 「나는 학생이고, 그녀도 학생이다.」를 영작해 보면 「I am a student, and she is, too.」라고 하면 됩니다. 그러니까 여기서 'too'는 'a student'를 대신한 말이라고도 할 수 있습니다. 하나 더 예를 들어 보면 「나는 음악을 좋아하고, 그도 좋아한다.」는 「I like music, and he does, too.」라고 하면 되는 것입니다. 여기서도 물론 'too'는 'like music'을 대신하는 말이라고 하겠습니다.

───────────────────── 쉬어 가는 코너

• 읽고 여러분이 말해 보세요.

He is Tony.

I am Tom.

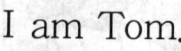

We are friends.

He is Bill.

He is John.

They are friends.

• 4개의 각기 다른 그림이 있습니다. 뭐라고 말을 하는 게 가장 알맞을까 생각해 보세요.

a. He is my friend.
   그는 나의 친구입니다.
b. She is my friend.
   그녀는 나의 친구입니다.
c. We are friends.
   우리는 친구입니다.
d. They are Tom and Mary.
   그들은 탐과 메어리입니다.

### 재미있는 영어 이야기

여러분 중에서 혹시나 OK를 모르는 사람 있습니까? Okay(오케이)는 사실상 미국같은 영어를 사용하는 국가들 뿐만 아니라 전세계적으로 통용되는 표준어라고까지 말할 수 있습니다. 가장 세계에 알려진 영어 Okay의 유래를 살펴보면, 그 역사는 1939년까지 올라갑니다. 그 당시 미국의 대통령인 마틴 반 부렌(Martin Van Buren)은 뉴욕주의 킨더훅(Kinderhook)에서 태어났는데, 이 이름을 따서 부렌 대통령을 지지하는 민주당에서 올드 킨더훅 클럽(Old Kinderhook Club)이 생겼는데, 이 말을 줄여서 OK Club 이라고 불렀다고 합니다. Okay는 여기서 유래한 말로 글로서는 Okay라고 써야 정확한 표기법입니다.

일기를 직접 써 보세요.

*My English Diary*

*English Diary*

# Pen-Pal

Date : Mon., Jan. 31     Weather : Fine

I have a pen-pal. His name is Kyŏng-Ho.

He lives in a small village in the country.

He lives in an old house with his grandmother, parents, and one little sister.

His father is a farmer.

〈도움 단어〉

Pen-Pal [pen-pæl 펜팰] (편지로만 교제하는) 친구.
live [liv 리브] 살다.
small [smɔːl 스몰] 작은.
village [vílidʒ 빌리지] (작은) 마을.
country [kʌ́ntri 컨트리] 나라, 시골.
old [ould 오울드] 나이 많은, 오래된.
farmer [fɑːrmə 파아머] 농부.

### 펜팔

날짜 : 1월 31일 월요일    날씨 : 맑음

나는 펜팔 친구가 있습니다. 그의 이름은 경호입니다.
그는 시골에 있는 조그마한 마을에서 삽니다.
그는 그의 할머니와 부모님과 그리고 여동생과 함께 오래된 집에서 삽니다.
그의 아버지는 농부입니다.


### 도움말

◆ 「살다」는 말인 live는 다음에 어떤 전치사가 오느냐에 따라 여러 가지 뜻으로 바뀝니다. 위의 일기에서는 live in과 live with가 나왔죠. live in은 「~에 산다.」는 뜻으로 좀 넓은 곳을 가리킬 때 씁니다. 반면에 좁은 곳에 살 때는 live at을 사용합니다. 그리고 live with는 「~와 함께 살다.」, live on은 「~을 먹고 살다.」란 뜻으로 쓰입니다.
예를 들어 보면,

He lives in Pusan.(그는 부산에 산다.)
I live at my uncle's house.(나는 삼촌의 집에서 산다.)
I live with my parents.(나는 부모님과 함께 산다.)
The Koreans live on rice.(한국 사람들은 밥을 먹고 산다.)

◆ 이처럼, 영어에는 동사와 전치사가 합해져서 여러 가지

뜻을 만듭니다. 사전을 볼 때 이런 점에 유의해서 보면 많은 표현들을 익힐 수 있습니다. 몇 가지 더 만들어 볼까요.

1) She lives _____ Changsin-dong. (그녀는 창신동에 삽니다.)
2) They live _____ their grandfather. (그들은 그들의 할아버지와 함께 삽니다.)
3) The Americans live _____ meat. (미국인들은 고기를 먹고 삽니다.)

이상과 같은 표현을 잘 활용하면 영작하는 데 많은 도움이 되므로 꼭 알아 두시기 바랍니다.

─────────────────────── 쉬어 가는 코너

● 전국에 사는 우리 친구들이 여러분에게 인사를 합니다. 철수는 서울에 살고, 경수는 광주에 살고, 재홍이는 부산에 살고 있군요. 이처럼 「~에 산다」는 표현은 「live in ~」을 사용한다는 거 배웠죠.

민지는 어디에서 살고 있을까요?
**She lives in Cheju.** (그녀는 제주에서 삽니다.)
그럼 은주는 어디에서 사나요?
**She lives in Taejŏn** (그녀는 대전에 삽니다.)

영희는 또 어디에서 살죠?
She <u>lives in</u> Chunchŏn. (그녀는 춘천에서 삽니다.)

## 재미있는 영어 이야기

여러분들은 CF나 CM이란 말 많이 들어봤죠. 그러면서도 CF가 무슨 뜻인지 제대로 아는 사람들은 몇 명이나 될까요. 원래 CF는 커머셜 필름(Commercial Film)의 머리글자로서 상업적 목적의 영화, 즉 광고용 영화를 말합니다. 그리고 CM은 커머셜 메시지(Commercial Message)의 머릿글자로 텔레비전 따위의 광고를 말하는 겁니다.

즉 TV를 바라보면 프로그램 사이에 짤막하게 상품을 선전하는 영화가 나오죠. 그것이 CF입니다. 그리고 그 CF에 쓰여져 상품을 광고하는 말을 CM이라고 하구요.

일기를 직접 써 보세요.

*My English Diary*

*English Diary*

# What I want to be

Date : Wed., Feb. 2    Weather : Snowy and windy

My father is a doctor.
My mother is a nurse.
And my brother wants to be a policeman.
What do I want to be?

〈도움 단어〉

doctor [dɑ̀ktər 닥터] 의사.
nurse [nəːrs 너어스] 간호사.
want [wɔ(ː)nt 원트] ~을 원하다, 바라다.
want to be ~이 되기를 원하다.
policeman [pəlíːsmən 펄리이스먼] 경관.
what [hwat 왓] 무엇.

## 내가 되기를 원하는 것

날짜 : 2월 2일 수요일    날씨 : 눈과 바람

나의 아버지는 의사이다.
어머니는 간호사이다.
그리고 형은 경찰이 되고 싶어한다.
나는 무엇이 되고 싶을까?

※도움말
◆ 사람들의 직업은 정말 다양합니다. 어떤 직업들이 있는지 알아 볼까요.

scientist    photographer    architect    artist
과학자         사진사          건축가       예술가

soldier      professor       fireman      teacher
군인           교수            소방관       선생님

◆ 여러분은 장래에 무엇이 되고 싶나요?

I want to be (a/ an) _____

I want to be (a /an) _____

I want to be (a /an) _____

I want to be (a /an) _____

──────────────────── 쉬어 가는 코너

• 다음 그림을 보고 묻는 말에 답해 보세요.

1) This is Mr. Yang.
   (이 사람은 미스터 양입니다.)
   What is he?
   (이 사람의 직업은 무엇일까요?)

He is a (소방관). _____

2) This is Miss Lee.
   (이 사람은 미스 이입니다.)
   What is she?
   (이 사람의 직업은 무엇일까요?)

She is a (선생님)．

3) This is Mr. Park.
   (이 사람은 미스터 박입니다.)
   What is he?
   (이 사람의 직업은 무엇일까요?)

He is a (군인)．

4) This is Mrs. Cho.
   (이 사람은 조여사입니다.)
   What is she?
   (그녀의 직업은 무엇일까요?)

She is an (예술가)．

## 재미있는 영어 이야기

　AFKN이나 비디오 등에서 TV진행자가 자신을 소개할 때, 「I am 누구.」하고 소개합니다. 그런데 전화를 걸어서 자신을 소개할 땐 「This is 누구.」하고 소개를 한답니다. 왜 그럴까요?

　원칙적으로는 말을 듣는 상대가 자신의 얼굴을 볼 수 없는 상태에서 자신을 소개할 때는 「This is 누구누구.」라는 표현을 쓰는 것이 옳은 것입니다. 따라서 전화상으로나 라디오 방송에 출연하여 자신을 소개하는 경우는 「This is 누구누구.」하는 것이 옳겠지요. 그러나 TV나 직접 만나서 상대에게 자신을 소개하는 대부분의 경우는 「I am 누구누구.」라고 하는 것이 옳은 영어 표현입니다.

일기를 직접 써 보세요.

*My English Diary*

*English Diary*

## New Year's Day

Date : Thu., Feb. 10     Weather : snowy

Today is Korean New Year's Day. It is the first day of the lunar year. I put on my traditional Korean clothes and, I have 'rice-cake soup' with my family. Then I visit my uncle's and aunt's house.

〈도움 단어〉

lunar [lúːnər 루우너] 음력의.
month [mʌnθ 먼스] 달.
put on ~을 입다.
traditional [trədíʃənnəl 트러디셔널] 전통적인.
clothes [klouðz 클로우드즈] 옷.
rice-cake soup 떡국.
visit [vízit 비짙] 방문하다.

## 설날

날짜 : 2월 10일 목요일    날씨 : 눈

오늘은 설날입니다. 설날은 음력으로 1월 1일입니다.
나는 한복을 입습니다.
그리고 가족과 함께 떡국을 먹습니다.
그리고 나서 삼촌과 고모집에 방문합니다.

### 도움말

◆「~을 입다.」라는 영어를 흔히들 wear [wɛər 웨어]라고 알고 있습니다. 그러나 wear와 put on은 차이가 있습니다. put on은 옷을 입는 동작을, wear는 옷을 입고 있는 상태를 나타내는 말입니다.

She put on the new dress.(그녀는 새 옷을 입었다.)
(동작)

She wears the new dress.(그녀는 새 옷을 입고 있다.)
(상태)

◆ 전치사 with는 무엇과 함께 쓰느냐에 따라 여러 가지로 사용되는 말입니다. 대표적으로 ① ~과 함께, ② ~을 이용하여, ③ ~을 몸에 지니고 등이 있습니다.

① 나는 친구들과 점심을 먹는다.
I have lunch with my friends.
나는 아버지와 함께 야구 구경을 간다.
I go to baseball games with my father.
② 그는 연필과 크레용으로 그림을 그린다.
He draws with pencils and crayons.
③ 우산을 가지고 가거라.
Take an umbrella with you.

─────────────────── 쉬어 가는 코너

- Korean New Year's Day.

Korean New Year is in January or February.
At Korean New Year, we receive gift money.

　설날은 음력으로 정하기 때문에 주로 1월과 2월 중에 있죠.「세배를 한다.」는 영어로「offer new year's greeting to 누구누구」하고 표현합니다. 그리고 세뱃돈을 받다는「I receive gift money.」하면 되구요.

## • Chusŏk(Korean Thanksgiving Day)

추석은 음력으로 8월 15일입니다. 흔히 한가위라고도 하는데, 그동안의 농사에 감사드리고 조상의 묘에 성묘도 합니다. 밤에는 또한 달을 보며 강강수월래를 하는 풍습도 있죠.

기독교가 번창하면서 크리스마스가 이제는 우리의 즐거운 휴일이 되어가고 있습니다. 크리스마스는 예수 탄생일로서 이날 서로서로 선물을 주고받기도 합니다.

크리스마스는 12월에 있습니다.
    Christmas is in December.
크리스마스에 우리들은 선물을 받습니다.
    At Christmas, we get presents.

2. 영호의 일기 I  45

일기를 직접 써 보세요.

*My English Diary*

***English Diary***

# Spring

Date : Tue., Mar. 1   Weather : Fine

Today is the first day of spring.
Spring is the season of flowers.
It is warm in spring. And I am going to be a second-year middle-school student. Everything is new in spring.

〈도움 단어〉

first [fə:rst 퍼어스트] 첫번째.
spring [spriŋ 스프링] 봄.
season [síːzn 시이즌] 계절.
second [sékənd 세컨드] 두 번째.
everything [évriθiŋ 에브리씽] 모든 것.
new [nju: 뉴우] 새로운.

## 봄

날짜 : **3월 1일 화요일**    날씨 : **맑음**

오늘은 봄이 시작되는 첫날이다.
봄은 꽃들의 계절이다.
봄엔 날씨가 따뜻하다. 그리고 나는 중학교 2학년이 된다.
봄에는 모든 것이 새롭다.

### 도움말

◆ 숫자를 세는 방법에는 두 가지가 있습니다. 하나, 둘, 셋 … 하고 세는 방법이 있고, 첫째, 둘째, 셋째…하고 세는 방법이 그것입니다. 앞의 것을 기수라고 부르고, 뒤의 것을 서수라고 합니다.

⇨ 기수

| 1 | one | 11 | eleven | 30 | thirty |
|---|---|---|---|---|---|
| 2 | two | 12 | twelve | 40 | forty |
| 3 | three | 13 | thirteen | 50 | fifty |
| 4 | four | 14 | fourteen | 60 | sixty |
| 5 | five | 15 | fifteen | 70 | seventy |
| 6 | six | 16 | sixteen | 80 | eighty |
| 7 | seven | 17 | seventeen | 90 | ninety |
| 8 | eight | 18 | eighteen | 100 | hundred |
| 9 | nine | 19 | nineteen | 1000 | thousand |
| 10 | ten | 20 | twenty | | |

◆ 영어에도 기수와 서수가 있습니다. 서수는 기수 끝에
「-th」만 붙여 주면 됩니다. 다만 몇 가지 예외적인 것도 있
습니다. 이런 예외는 암기하는 방법이 제일 좋습니다.

◇서수

| one→first | eleven→eleventh | thirty→thirtieth |
| two→second | twelve→twelfth | forty→fortieth |
| three→third | thirteen→thirteenth | fifty→fiftieth |
| four→fourth | fourteen→fourteenth | sixty→sixtieth |
| five→fifth | fifteen→fifteenth | seventy→seventieth |
| six→sixth | sixteen→sixteenth | eighty→eightieth |
| seven→seventh | seventeen→seventeenth | ninety→ninetieth |
| eight→eighth | eighteen→eighteenth | hundred→hundredth |
| nine→ninth | nineteen→nineteenth | |
| ten→tenth | twenty→twentieth | |

※ 수를 알았으니 연습을 해봐야겠죠.

34 __thirty - four__
61 __sixty - one__
1994 __nineteen ninety - four__
스물아홉 번째 __twenty - ninth__
백스물세 번째 __one hundred twenty - third__

※ 관련있는 숫자끼리 연결해 보세요.

| 1 | six   | seventh |
|---|-------|---------|
| 2 | four  | fifth   |
| 3 | seven | third   |
| 4 | one   | first   |
| 5 | three | second  |
| 6 | five  | fourth  |
| 7 | two   | sixth   |

─────────────── 쉬어 가는 코너

● 알맞게 연결시켜 보세요.

① a boy

② two boy<u>s</u>

③ five bottle<u>s</u>

④ nine bird<u>s</u>

● 다음은 흔히 우리가 보는 도형입니다. 몇 개씩인지 알아볼까요?

a square
[skwɛər 스퀘어]

사각형.

There is a square.
(사각형 하나입니다.)

There is a circle.
(원이 하나입니다.)

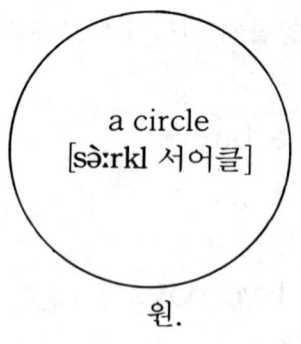

a circle
[səːrkl 서어클]

원.

a triangle
[tráiæŋgl 트라이앵글]

삼각형.

There is a triangle.
(삼각형이 하나입니다.)

① There are  twelve  squares.
　　　(사각형이 12개입니다.)

② There are _____ circles.
　　　(원이 8개입니다.)

③ There are _____ triangles.
　　　(삼각형이 15개입니다.)

## 재미있는 영어 이야기

여러분들 흔히 연예인이나 운동 선수를 만나면 사인(*sign*)을 받죠. 이 sign이란 말은 signature(서명) 이란 말의 약자입니다. 영어에서 서명이란 뜻의 단어는 signature와 autograph(오터그래프) 두 가지가 있습니다. 하지만 우리 말로는 둘다 '서명'이지만 구체적인 뜻은 다릅니다.

어떤 문서에 확인하는 의미로 하는 서명은 signature 라고 하는데, 우리 나라 사람이 도장을 찍는 곳에 도장 대신 쓰는 것이 이것이죠.

그러나 작가나 연예인들이 자신의 작품에 친필로 써넣는 것은 autograph 라고 합니다. 그러니까, 여러분이 연예인이나 유명한 선수들에게 기념으로 사인해 달라고 부탁할 때는 signature가 아니고 autograph가 되는 것입니다.

일기를 직접 써 보세요.

 *My English Diary*

*English Diary*

# My garden

Date : Mon., Apr. 11    Weather : Cloudy

There is a garden at my house.
I go to the garden.
I sit on the bench.
And I look at the flowers.
Some flowers are red.
Some flowers are yellow.

〈도움 단어〉

sit on ~에 앉다.
look at ~을 바라보다.
garden [gá:rdn 가아든] 정원.
bench [bentʃ 벤치] 긴 의자.
flower [fláuər 플라우어] 꽃.

### 나의 정원

날짜 : 4월 11일 월요일    날씨 : 흐림

우리 집에는 정원이 있습니다.
나는 정원에 갑니다.
나는 벤치에 앉습니다.
그리고 나는 꽃들을 봅니다.
어떤 꽃은 빨갛습니다.
어떤 꽃은 노랗습니다.

### 도움말

◆ 「바라본다」는 표현을 익혀 볼까요. 산을 보고, 강을 보고, 차도 보고, 정말 볼 것이 많죠.

I look at the car.   (나는 차를 바라봅니다.)
I looked at the river. (나는 강을 보았습니다.)
He looks at the mountain.
　　　　　　　　　　 (그는 산을 바라봅니다.)
They look at the building.
　　　　　　　　　　 (그들은 빌딩을 바라봅니다.)

―――――――――――――――――――― 쉬어 가는 코너

● look이라는 단어는 「~을 보다.」라는 동사입니다. 그런데 이「보다」의 look 뒤에 어떤 말들이 붙으면 전혀 엉뚱한 뜻으로 바뀌어져 버립니다. 어떻게 바뀌는지 한번 볼까요.

She <u>looks after</u> her baby.
(그녀는 그녀의 아이를 돌본다.)

※ look after : ~을 보살피다.

They <u>look at</u> the picture.
(그들은 그림을 바라본다.)

※ look at : ~을 바라 보다.

He <u>looks for</u> the money.
(그는 돈을 찾는다.)

※ look for : ~을 찾다.

1) 그는 개와 고양이 보살피기를 좋아한다.
   He likes to look _____ dogs and cats.

2) 그녀는 꽃을 보고 있다.
   She is looking _____ the flower.

3) 그는 좋은 일자리를 찾고 있다.
   He is looking _____ a good job.

**재미있는 영어 이야기**

　사람들이 자전거로 여행을 하는 것을 우리는 「하이킹 *hiking* 」이라고 합니다. 그러나 호기심 많은 친구들은 이 단어를 사전에서 찾아본 사람도 있을 겁니다. 그런데 사전에는 도보 여행, 즉 걸어서 여행하는 것을 hiking이라고 한다고 나옵니다. 그러니까 hiking은 걸어서 가는 소풍인 셈입니다.
　우리가 hiking이라고 알고 있는 자전거를 이용한 여행은 「바이킹 *biking* 」이라고 한다는 사실을 알아 둡시다.

일기를 직접 써 보세요.

*My English Diary*

*English Diary*

# Go to church

Date : Sun., Apr. 17    Weather : Fine

Today is Sunday.
I go to church with my parents.
My little brother asks me about Jesus.
I believe in God.

〈도움 단어〉

ask [æsk 애스크] ~을 묻다.
Jesus [dʒíːzəs 지이저스] 예수.
believe [bilíːv 빌리이브] ~을 믿다.
believe in ~을 신뢰하다. ~의 존재를 믿다.

### 교회에 간다

날짜 : 4월 17일 일요일      날씨 : 맑음

오늘은 일요일이다.
부모님과 함께 교회에 간다.
막내 동생이 예수님에 관해서 물어 본다.
나는 하나님을 믿는다.

---

※ 도움말

◆ about는 「~에 관하여」라는 뜻과 「대략」이란 뜻으로 주로 쓰이는 단어입니다.

당신의 가족에 대해 말씀해 주십시오.
Tell me about your family.
나는 약 100권의 책을 가지고 있습니다.
I have about one hundred books.

─────────────── 쉬어 가는 코너

● 「~을 타고 가다.」는 주로 「by+교통편」을 사용합니다. 걸어서 간다는 예외로 「on foot」이구요.

by boat

by subway

by taxi

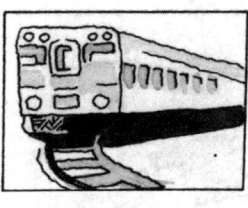  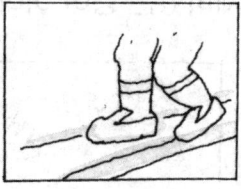

    by train        by bus        on foot

● 기호가 지금 여러 군데를 다니고 있네요. 어디에 가는지 한번 볼까요.

I go to school <u>on foot</u>.

I go to church <u>by bus.</u>

I go to the park <u>by subway.</u>

### 재미있는 영어 이야기

요일의 이름은 어떻게 해서 생겼는지 궁금하죠.

일요일(*Sunday*)은 태양(*Sun*)에서 유래되었습니다. 월요일(*Monday*)은 달(*Moon*)에서 유래되었구요. 화요일(*Tuesday*)은 북구 신화의 군신인 Tiu의 날 (*Tiu's day*)에서 유래되었습니다. 그리고 수요일(*Wendesday*)은 게르만 신화의 주신인 보덴의 날 (*Woden's day*)에서 유래된 것입니다. 목요일(*Tursday*)은 번개의 신인 Thor의 날에서 생겨났고, 금요일(*Firday*)은 북구 신화의 여신인 Frigg에서 생겨났습니다. 또 토요일(*Saturday*)은 로마의 농업 신인 새턴의 날 (*Saturn's day*)에서 유래된 것입니다.

일기를 직접 써 보세요.

*My English Diary*

*English Diary*

# Park-1

Date : Sun., May. 15    Weather : Cloudy later sunny

There is a park near my house.
There is a zoo in the park.
There are many animals in the zoo.
Monkeys climb up and down the trees.
They eat bananas.
Their actions are interesting.

〈도움 단어〉

park [pɑːrk 파아크] 공원.
near [niər 니어] ~의 근처에.
animal [ǽniməl 애니멀] 동물.
climb up/down 올라가다. /내려오다.
interesting [íntəristiŋ 인터리스팅] 재미있는.

## 공원

날짜 : 5월 15일 일요일    날씨 : 흐린 뒤 햇볕이 뜨거움

우리 집 근처에 공원이 하나 있습니다.
공원 안에는 동물원이 있습니다.
동물원에는 많은 동물들이 있습니다.
원숭이들은 나무를 오르락 내리락 합니다.
그들은 바나나를 먹습니다.
그들의 행동은 재미있습니다.

### 🌸 도움말

◆ 「There is(are)」를 문법 용어로 유도 부사라고 합니다. 어떤 말을 꺼내기 위해 사용하는 말로서 「~이다.」, 「~이 있다.」로 해석됩니다.

　말하고자 하는 것이 하나면 「There is ~」를 이용하고, 여러 개면 「There are ~」를 사용합니다.

　위의 일기에서 보면 「집 근처에 공원이 (하나) 있습니다.」는 「There is a park near my house.」로 표현된 것입니다.

- 책상 위에 연필이 하나 있습니다. → <u>There is</u> a pencil on the desk.
- 두 명의 간호사가 길 위에 있습니다. → _____ two nurses on the street.
- 학교 근처에 병원이 있습니다. → _____ a hospital near my school.

　　　　현재　　　　　　　과거
①　go(간다)　　　　went(갔다)
②　look(본다)　　　looked(보았다)
③　climb(오르다)　 climbed(올라갔다)
④　eat(먹다)　　　　ate(먹었다)

「~한다.」는 동사는 지금 하는 동작과 과거에 한 동작의 글자 모양이 다릅니다. ②, ③과 같이 원래 모양에 「-ed」만 붙이면 과거가 되는 꼴이 있고 ①, ④처럼 글자가 완전히 바뀌는 모양도 있습니다. 이렇게 불규칙적으로 변하는 동사는 교과서 뒤에 실린 것을 참고로 해서 꼭 알아두어야 합니다.

─────────────────── 쉬어 가는 코너
● 어제 학교 수업을 마치고 우리 친구들이 무엇을 했을까요?

소영이는 설거지를 했습니다.
So-Yŏng wash<u>ed</u> the dishes.

2. 영호의 일기 I   67

남길이는 TV를 보았습니다.
Nam-Gil watch<u>ed</u> TV.

탐과 벤은 탁구를 쳤습니다.
Tom and Ben play<u>ed</u> table tennis.

● 과거 시제에 대해서 조금 더 보도록 합시다. 그림을 보면서 익히면 금방 이해가 될 겁니다.

The book is on the table.
（책이 테이블 위에 있습니다.）

The book was on the table.
（책이 책상 위에 있었습니다.）
But, now it is on the chair.
（그러나 지금 책은 의자 위에 있습니다.）
The pencils were in the pencil box.
（연필들이 필통에 있었습니다.）

Now they are in the cup.
（지금 연필은 컵 안에 있습니다.）

### 재미있는 영어 이야기

허수아비. scarecrow.

미국에도 허수아비가 있을까요? 물론 미국에도 허수아비는 있습니다. 그런데 우리 나라에서는 허수아비는 참새를 쫓기 위해 세우지만 미국은 까마귀를 쫓기 위해 세웁니다. 그래서 그 이름도 scarecrow 라고 합니다. 까마귀를 겁주어서 쫓아 버린다는 뜻이지요. 하지만 이것도 우리 나라처럼 점점 사라지고 있답니다.

일기를 직접 써 보세요.

*My English Diary*

*English Diary*

# Fruit

Date : Mon., Jun. 1   Weather : Fine

My family likes fruit.
My father likes pears.
My mother likes apples.
And my brother likes grapes.
But I don't like pears, apples or grapes. I like strawberries. They are very delicious.

〈도움 단어〉

family [fǽmili 패밀리] 가족.
fruit [fruːt 프루우트] 과일.
pear [pɛər 페어] 배.
apple [æpl 애플] 사과.
grape [greip 그레이프] 포도.
strawberry [strɔ́ːberi 스트로베리] 딸기.
delicious [dilíʃəs 딜리셔스] 맛있는.

## 과일

날짜 : 6월 1일 월요일        날씨 : 맑음

우리 가족은 과일을 좋아합니다. 아버지는 배를 좋아합니다.
어머니는 사과를 좋아하고, 오빠는 포도를 좋아합니다.
그러나 나는 배, 사과, 그리고 포도를 좋아하지 않습니다.
나는 딸기를 좋아합니다. 딸기는 매우 맛있습니다.

### 도움말

◆ 문장과 문장을 잇는 접속사에는 and, but, or … 등 여러 가지가 있습니다. 이 접속사를 이용하는 것을 연습해 봅시다. and는「그리고」라는 뜻이고 but은「그러나」라는 뜻입니다.

a pen and a pencil
(펜과 연필)

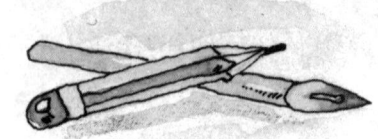

You and I are good friends.
(너와 나는 좋은 친구이다.)

She is short, but he is tall.
(그녀는 키가 작지만 그는 키가 크다.)

◆ 여러분들도 과일 좋아하죠. 과일 이름을 한번 알아볼까요.

자두 [*plum*]   오렌지 [*orange*]   바나나 [*banana*]

파인애플 [*pineapple*]   수박 [*watermelon*]

  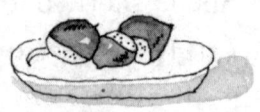

복숭아 [*peach*]    감 [*persimmon*]    밤 [*chestnut*]

──────────────── 쉬어 가는 코너

● 철수가 심부름을 가는군요. 과일 가게에서 무엇을 살까요?

① 철수 : 안녕하세요. 사과 여덟 개만 주세요.

　　　　Good afternoon.
　　　　May I have eight apples, please?

　가게 아저씨 : 그래, 여기 있다.

　　　　Yes, here you are.

② 철수 : 오렌지 열 개만 주세요.

      May I have ten oranges, please?

가게 아저씨 : 그래, 여기 있다.

      Yes, here you are.

③ 철수 : 바나나 여섯 개만 주세요.

      May I have six bananas, please?

가게 아저씨 : 그래, 여기 있다.

      Yes, here you are.

④ 철수 : 복숭아 하나만 주세요.

      May I have a peach, please?

가게 아저씨 : 그래 여기 있다.

      Yes, here you are.

### 재미있는 영어 이야기

　여자들이 결혼해서 아기를 낳으면 우리 나라에서는 미역국을 먹습니다. 그런데 서양은 어떨까요?
　서양 특히 미국에서는 산후라고 해서 특별한 음식을 먹는 관습은 없습니다. 어쩌면 산후 조리라든가 육아법에 있어서 우리 나라의 전통적인 방법은 참으로 세밀하고 용의 주도합니다. 미국은 그런 면에서 우리와는 많이 다릅니다.
　즉 아기를 낳은 후에도 아기 엄마는 곧바로 샤워도 하고 정상적인 음식을 먹고 가벼운 외출도 합니다. 일주일밖에 안 된 아기를 밖으로 데리고 나오기도 하며 우유도 차갑게 그냥 먹이기도 합니다.
　어쩌면 미국 사람들이 유난히 신경통이나 관절염이 많은 이유도 이것 때문인지도 모릅니다.

일기를 직접 써 보세요.

*My English Diary*

*English Diary*

# Showing the way

Date : Sun., Jun. 8    Weather : Fine

I am going to the library. I meet an American on the street. He asks me something.
I learn English at school. But I don't understand his question.

〈도움 단어〉

library [láibrəri 라이브러리] 도서관.
foreigner [fɔ́:rinər 포오리너] 외국인.
meet [mi:t 미이트] 만나다.
　　　　　meet with ~과 우연히 마주치다.
street [stri:t 스트리이트] 거리.
learn [lə:rn 러언] ~을 배우다.
understand [ʌndərstǽnd 언더스탠드] 알다, 이해하다.

## 길 안내

날짜 : 6월 8일 일요일       날씨 : 맑음

도서관에 가는 중이다. 길거리에서 우연히 미국인을 만난다. 그가 내게 무언가를 물어 본다.
나는 학교에서 영어를 배운다. 그러나 나는 이해가 안 된다.

### 도움말

◆ 「~에 가는 중이다」는 「am(are, is) going to~」라는 문구를 이용하면 편리합니다. 가령 '학교로 가는 중이다.'는 'I am going to school.' 하면 됩니다. 몇 가지 예문을 더 알아 보도록 합시다.

우체국에 가는 중이다. ─ I am going to the post office.
서점에 가는 길이다. ─ I am going to the bookstore.

그런데 이렇게 현재가 아니고 과거로도 사용할 수 있습니다.

병원에 가는 길이었다. ─ I was going to the hospital.
백화점에 가는 길이었다. ─ I was going to the department store.

――――――――――――――――――― 쉬어 가는 코너

• 길을 안내하는 방법을 알아볼까요. 먼저 간단한 Game 하나만 해봅시다. 다음에 4개의 물건이 있습니다. 묻는 말대로 따라가면 무엇이 있을까요?

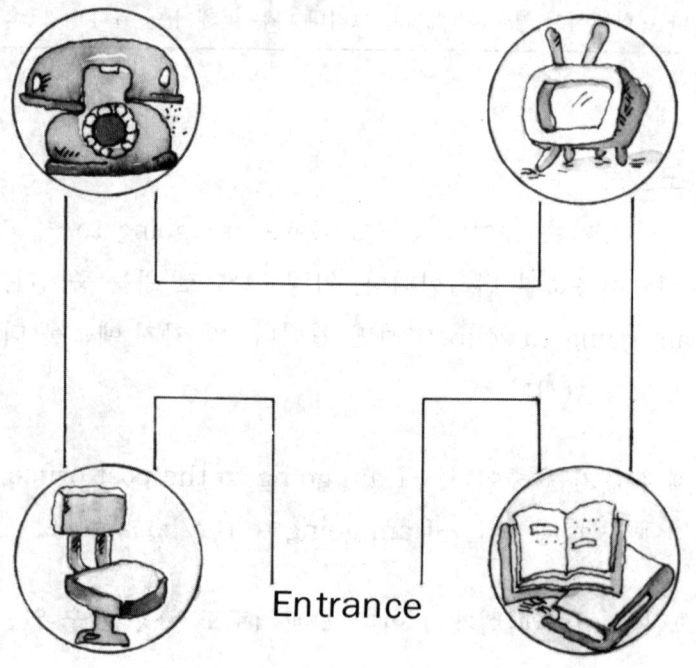

Q1. Go up. Then turn to the right.
　　Then turn to the left.
　　What will you find?
Q2. Go up. Then turn to the left.
　　Then turn to the right.
　　　What will you get?

● 자, 이번에는 지도를 보며 실제로 안내를 해봅시다. 어떤 외국인이 시청을 찾고 있네요.

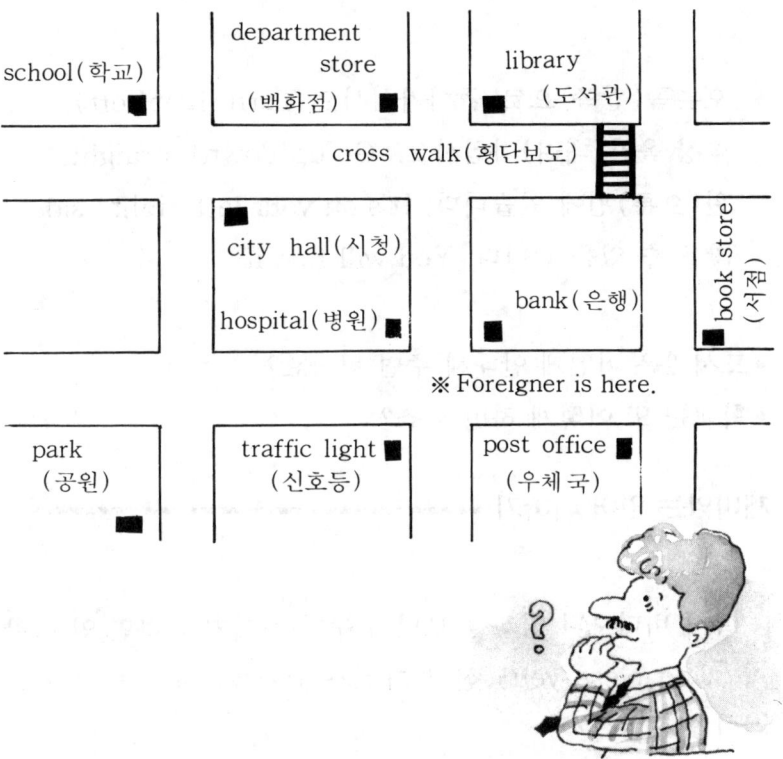

Foreigner : Excuse me, Can you tell me the way to City Hall?

Jin-su : Sure. Go left at this street and then turn right at the first corner. Walk a little bit, and you'll find it on your right side.

Foreigner : Thank you.

Jin-su : You're welcome.

- 외국인에게 길을 안내하는 일은 어려운 일이 아닙니다. 오른쪽, 왼쪽 그리고 위, 아래만 표현할 수 있다면 어디든지 충분히 안내해 줄 수 있는 겁니다.

    오른쪽(왼쪽)으로 돌아가십시오. Turn right(left).
    곧장 올라(내려)가십시오. Go up(down) straight.
    왼(오른)편에 있습니다. It's on your left(right) side.
    찾을 수 있을 겁니다. You will find it.

- 도서관은 어떻게 안내해 주면 될까요?
- 학교는 또 어떻게 하면 되죠?

**재미있는 영어 이야기** ━━━━━━━━━━━━━━━

혹시 비디오나 영화를 보면서 누가 재채기를 하면 옆 사람이 「God bless you!(신의 가호가 있기를)」하는 모습을 본 적이 있습니까?

이 관습은 흑사병이 극성을 부리던 17세기부터 유래되었습니다. 재채기는 당시의 끔찍했던 흑사병의 첫 징후로 여겨졌습니다. 또한 중세기의 사람들은 재채기를 하면 그의 영혼이 일순간 육체를 떠난다고 믿었습니다. 그래서 옆에 있던 사람들은, 일시적으로 육체를 떠나 무방비 상태에 놓인 영혼이 악마에게 사로잡히지 않도록 재빨리 「God bless you!」라고 소리쳤습니다.

2. 영호의 일기 I　83

일기를 직접 써 보세요.

*My English Diary*

*English Diary*

# Nam-Gil's Birthday

<u>Date : Sat., Jul. 4</u>   <u>Weather : Rainy</u>

Today is Nam-Gil's birthday.
He invited a lot of his friends.
We gave him presents.
He looked happy.

〈도움 단어〉

birthday [bə́:rθdei 버어스데이] 생일.
invite [inváit 인바이트] 초대하다.
friend [frend 프렌드] 친구.
a lot of 많은.
give [giv 기브] 주다. gave(과거).
present [préznt 프레즌트] 선물.
happy [hǽpi 해피] 행복한.

## 남길이의 생일

날짜 : 7월 4일 토요일    날씨 : 비

오늘은 남길이의 생일이다.
그는 그의 많은 친구들을 초대했다.
우리는 그에게 선물을 주었다.
그는 행복해 보였다.


### 🕮 도움말

◆ 「～처럼 보인다.」는 표현을 연습해 봅시다. 「그녀는 슬퍼 보인다.」는 「She looks sad.」하면 됩니다. 그러니까 look 이라는 말의 앞에 '누가'가 들어가고 뒤에 '어떻다.'를 넣어 두면 됩니다. 예를 더 봅시다.

He looks  tired. (그는 피곤해 보인다.)
She looks  angry. (그녀는 화난 것처럼 보인다.)
You look   pleased. (너는 기뻐 보인다.)


◆ 「～의」로 되는 것을 소유격이라고 하지요. 인칭 대명사는 소유격이 따로 있어 별 어려움이 없지만 그외의 것은 어떨까요? 위의 일기에서는 「남길이의 생일」을 「Nam-Gil's birthday」라고 했습니다. 이처럼 's 를 사용하면 「～의」가 됩니다. 예를 들어 「인호의 책」은 「In-Ho's book」이라고 합니다. 어려운 것이 없습니다. 자주 사용하면 쉽게 몸에 익힐 수 있습니다.

몇 개를 더 예로 들어 봅시다.

여동생의 인형 — my sister's doll.
아버지의 차 — my father's car
은주의 가족 — Eun-Joo's family
상호의 일기 — Sang-Ho's diary

────────────────────────────쉬어 가는 코너
• 다음의 물건들은 누구의 것일까요?

Jae-Hong (재호)

Su-Mi (수미)

Nam-Gil (남길)

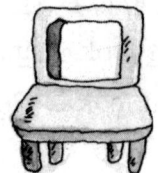

Young-Suk (영숙)

• Whose <u>book</u> is it?
　　　[buk 북]
(그것은 누구의 책이죠?)

　　　　　　It is <u>Su-Mi's book.</u>
　　　　　　　(그것은 수미의 책입니다.)

1) Whose clock is it?
   [klɑk 클락]
   (누구의 괘종 시계죠?)
   　　　　　It is not Su-Mi's clock.
   　　　　　It is _____.
   　　　　　(그것은 수미의 시계가 아닙니다.
   　　　　　그것은 재홍이의 시계입니다.)

2) Whose dog is it?
   [dɔːg 도그]
   (그것은 누구의 강아지이죠?)
   　　　　　It is not Young-Suk's dog.
   　　　　　It is _____.
   　　　　　(그것은 영숙이의 강아지가 아닙니다.
   　　　　　그것은 남길이의 강아지입니다.)

3) Whose chair is it?
   [tʃɛər 체어]
   (누구의 의자입니까?)
   　　　　　It is not Nam-Gil's chair.
   　　　　　It is _____.
   　　　　　(그것은 남길이의 의자가 아닙니다.
   　　　　　그것은 영숙의 의자입니다.)

## 재미있는 영어 이야기

흔히 맥빠진다는 말을 하죠. 그런데 이 말을 영어로는 뭐라고 할까요. 영어로는 이 말을 milk-and-water라고 합니다. 글자 그대로「우유와 물」입니다. 만약에 우유에 물을 섞어 놓으면 어떻게 될까요? 아주 맛이 밍밍해서 김빠진 우유가 되겠지요. 여기에서 유래되어 생기와 박력을 잃은 것을 milk-and-water 라고 합니다.

만약,「그 영화 정말 맥빠지는 내용이었다.」를 영어로 바꿔보면,「The movie was milk-and-water.」라고 하면 되는 거죠.

일기를 직접 써 보세요.

*My English Diary*

*English Diary*

# Summer

Date : Sat., Aug. 2    Weather : Fine

The weather is hot.
My family goes to the beach in the morning
I swim all day.
I like summer very much.

〈도움 단어〉

summer [sʌ́mər 서머] 여름.
weather [wéðər 웨더] 날씨.
swim [swim 스윔] 수영하다.
all day 하루 종일.

## 여름

날짜 : 8월 2일 토요일    날씨 : 맑음

날씨가 덥다.
우리 가족은 아침에 바닷가에 간다.
나는 종일 수영을 한다.
나는 여름이 너무 좋다.

### 🐝 도움말

◆ 사람이 어떤 행동을 하는 것을 동작이라고 하고, 그 동작을 나타내는 말이 동사입니다. 예를 들어, 말하다, 대답하다, 사랑하다, 수영하다 등이 그것입니다. 이런 동사는 영어에 있어서 매우 중요한 단어입니다. 그림을 보면서 어떤 동사들이 있나 알아보도록 합시다.

오다 come

뛰다 jump

옷을 입다 wear

놓다 put

 공부하다 study
 마시다 drink
 구하다 save

 낚시질하다 fish
 가다 go
 청소하다 clean

─── 쉬어 가는 코너

• 우리가 평소 생활에서 행하는 많은 일들을 문장으로 만들어 봅시다. 주어진 그림을 가지고 재미있게 만들어 보세요.

먹다 eat

 I eat bread by myself.
(나는 혼자서만 빵을 먹는다.)

2. 영호의 일기 I   93

세다 count

I count the number of drugs.
(나는 약의 수를 센다.)

일어서다
stand up

She stands up to leave.
(그녀는 떠나려고 자리에서 일어난다.)

앉다
sit down

I like to play baseball.
(나는 야구 경기하는 것을 좋아한다.)

경기하다
play

귀를 기울이다
listen

After dinner, we watch TV or listen to music.
(우리는 저녁을 먹은 뒤에 텔레비전을 보거나 음악을 듣는다.)

He pushed the player.
(그는 그 선수를 밀었다.)

밀다 push

She cut the paper in two.
(그녀는 종이를 둘로 잘랐다.)

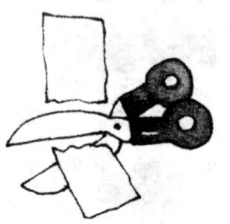

자르다 cut

읽다 read

She read a book all day.
(그녀는 종일 책을 읽었다.)

1) _____
_____
(그는 편지를 쓴다.)

쓰다 write

열다  open

2) _____

(그는 창문을 열었다.)

돕다  help

3) _____

(메어리는 그녀의 어머니를 돕는다.)

## 재미있는 영어 이야기

핫도그(*hot dog*)는 어느 나라에서 처음 생겼을까요?

이것은 1852년 독일의 어떤 축산업 협동 조합에서 처음 만들었다고 합니다. 만들어 놓고 보니, 독일의 사냥개인 닥스훈트와 비슷해서 dog라 이름지었다고 합니다.

처음에 독일 사람들은 스테이크를 먹듯 큰 접시에 hot dog와 빵을, 그리고 다른 접시에 야채를 놓고 먹었습니다. 그러다가 많은 독일인들이 미국으로 이민을 가게 되었는데, 거기서도 처음에는 이렇게 먹었답니다. 그러다 차츰 고기가 손에 묻자 누군가가 고기에 빵을 덮어 먹게 되고, 이것이 오늘날의 hot dog가 된 것입니다.

일기를 직접 써 보세요.

*My English Diary*

*English Diary*

# My Face

Date : Tue., Aug. 12    Weather : clear

I have black hair. I have a small nose. I have big eyes and a big mouth. I have big ears, too.

〈도움 단어〉

black [blæk 블랙] 검은.
hair [hɛər 헤어] 머리카락.
nose [nouz 노우즈] 코.
big [big 빅] 큰.
eye [ai 아이] 눈.
mouth [mauθ 마우쓰] 입.
ear [iər 이어] 귀.

## 나의 얼굴

날짜 : 8월 12일 목요일    날씨 : 맑게 갬

나는 검은 머리를 가지고 있습니다. 나는 작은 코를 가지고 있습니다.
큰 눈도 가지고 있고, 큰 입도 가지고 있습니다.
또한 나는 큰 귀도 가지고 있습니다.

### 도움말

◆ 「~를 가지고 있다.」는 뜻의 단어가 have 입니다. have의 활용법을 익혀 보도록 할까요.

· I <u>have</u> a doll.
　(나는 인형을 가지고 있습니다.)

· He <u>has</u> a car.
　(그는 자동차를 가지고 있습니다.)

· She <u>has</u> long hair
　(그녀는 긴 머리를 가지고 있습니다.)

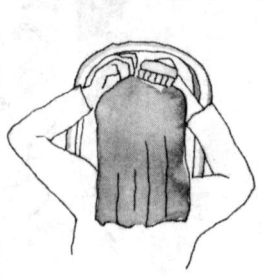

◆ 우리가 두 개 이상의 뭔가를 말할 때「~들」이라고 하죠. 이것과 같이 영어도 여러 개에는 ~s를 붙인답니다.

· I have a cat.
　（나는 고양이 한 마리가 있습니다.）

· I have two apples.
　（나는 사과가 두개 있습니다.）

· She has three pencils.
　（그녀는 연필 세 자루가 있습니다.）

──────────────────────────── 쉬어 가는 코너
● 아래에 있는 그림을 보고 빈 칸에 영어로 써 넣어 보세요.

〈보 기〉

## 재미있는 영어 이야기

　우리 하늘에 떠 있는 달에는 보름달, 초승달, 그믐달 등 많은 달의 이름이 있습니다. 영어로는 이것을 다음과 같이 표현합니다. 실날 같은 초승달은 「new moon」, 손톱 같은 초승달은 「waxing crescent」라고 하며, 반달은 「half moon」, 반달과 보름달 중간의 송편 같은 달은 「gibbous」, 보름달은 「full moon」, 실날 같은 그믐달은 「old moon」이라고 하고, 손톱 모양의 그믐달은 「waning crescent」라고 합니다.

일기를 직접 써 보세요.

*My English Diary*

*English Diary*

# On a rainy day

Date : Mon., Sep. 15    Weather : Cloudy later rainy

It is very cloudy in the morning.
I go to school without an umbrella.
In the afternoon, it begins to rain.
I am wet and cold.

〈도움 단어〉

without [wiðáut 위다웃] ~없이.
umbrella [ʌmbrélə 엄브렐러] 우산.
begin [bigín 비긴] 시작하다.
wet [wet 웻] 젖은.

### 비 오는 날

날짜 : 9월 15일 월요일     날씨 : 흐린 후 비옴.

아침에 구름이 잔뜩 끼었다.
나는 우산 없이 학교에 간다.
오후에 비가 내리기 시작한다.
나는 젖어서 춥다.

### ※ 도움말

◆ it은 원래 「그것」이란 뜻의 대명사입니다. 그러나 날씨·시각·거리·계절·요일 등을 나타낼 때는 주어로 쓰여 「그것」이란 뜻이 없게 쓰입니다. 이것을 it의 특별 용법이라고 합니다.

① 날씨
   밖에 비가 오고 있습니다.
   <u>It</u> is raining outside.

   오늘은 매우 덥습니다.
   <u>It</u> is very hot today.

② 시간
   정각 열시입니다.
   <u>It</u> is just ten o'clock.

③ 거리

약 5마일입니다.

It is about five miles.

④ 계절

이제는 겨울이다.

It is winter now.

〈작문 연습〉

• 오늘은 월요일이다.
  ____ is _____ today.
• 오늘은 날씨가 맑다.
  ____ is _____ today.

─────────────────────── 쉬어 가는 코너

• 날씨에는 여러 형태가 있습니다. 비가 오는 날이 있고, 눈이 오는 날이 있고, 이처럼 변화 무쌍한 날씨를 어떻게 표현하는지 다음 그림을 보고 익혀 보도록 합시다.

1. rainy [réini 레이니] 비오는

① It was rainy yesterday.
   (어제는 비가 왔다.)

2. cloudy [kláudi 클라우디] 흐린

② It is cloudy today.
   (오늘은 날씨가 흐리다.)

3. snowy [snóui 스노우이] 눈이 내리는.

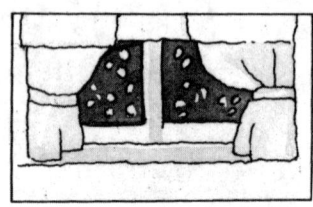

③ It is snowy outside.
   (밖에는 눈이 내린다.)

4. sunny [sʌ́ni 서니] 햇빛이 잘 드는.

④ It was sunny yesterday.
   (어제는 햇빛이 좋았다.)

5. foggy [fági 파기] 안개 낀

⑤ London is foggy.
   (런던은 안개가 자욱하다.)

6. windy [wíndi 윈디] 바람부는.

⑥ It is a windy night.
   (바람이 몹시 사나운 밤이다.)

7. dry [drai 드라이] 건조한.

⑦ Autumn's weather is dry.
　(가을의 날씨는 건조하다.)

8. wet [wet 웻] 젖은.

⑧ The road is wet.
　(도로가 젖어 있다.)

9. icy [áisi 아이시] 얼음이 언.

⑨ The bridge was icy.
　(다리가 얼음으로 덮혀 있었다.)

### 재미있는 영어 이야기

　작별 인사 Good-bye는 원래 God be with you.를 줄인 말입니다. 역사적으로 Good-bye의 어원을 따라가 보면 원래의 작별 인사인 God be with you를 단축시켜 만든 말이 오늘날의 Good-bye가 된 것입니다. 프랑스어의 아듀(*Adieu*)나 스페인어의 아디오스(*Adios*)가 모두 신과 함께 라는 의미로 「안녕!」이라는 작별 인사로 쓰이는 것은 모두 일맥 상통한다고 할 수 있습니다.

일기를 직접 써 보세요.

*My English Diary*

*English Diary*

# Daily life

Date : Fri., Sep. 26    Weather : Fine

I get up at eight o'clock in the morning.

I go to school at nine o'clock in the morning.

I come home at five o'clock in the afternoon.

I do my homework at seven o'clock in the evening.

I go to bed at nine o'clock in the evening.

〈도움 단어〉

get up [get ʌp 겟업] 일어나다.
o'clock [əklák 어클락] ~시.
home [houm 호움] 집.
do [du: 두] ~를 하다.
homework [hóumwə:rk 홈워어크] 숙제.
bed [bed 베드] 침대.

## 하루 일과

날짜 : 9월 26일 금요일    날씨 : 맑음

아침 8시에 일어납니다. 9시에 학교에 갑니다.
오후 5시에 집으로 돌아옵니다.
저녁 7시에 숙제를 합니다.
밤 9시에 잠자러 갑니다.

〈도움말〉

◆ in the morning 은
아침 6시부터 12시까지를 나타냅니다.

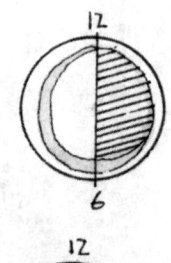

in the afternoon 은
정오에서 해질녘까지를 가리키는데,
보통 오후 6시까지를 가리킵니다.

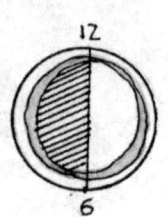

in the evening 은
해질녘에서 취침 전까지를 가리킵니다.

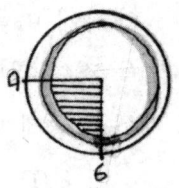

◆ 시계는 어떻게 볼까요? 가령, 지나가는 외국인이 'What time is it?(몇시인가요?)' 하고 물으면 어떻게 하죠.

It is four o'clock.

It is seven o'clock.

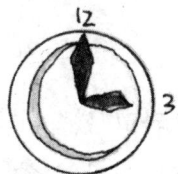

It is three o'clock.

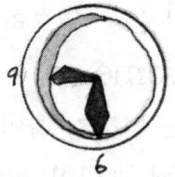

It is nine(o'clock) thirty (minutes).

―――――――――――――――――― 쉬어 가는 코너

• 영어 표현법도 배우고 재미있는 얘기도 듣는 시간입니다. 잘 들어 보세요, 어떤 이야기를 하는지.

옛날에 마음씨 착한 소가 살았어요. 소는 부지런해서 항상 먹을 것이 많았습니다. 하루는 이웃집에 사는 게으른 돼지가 와서 이렇게 말했습니다.

"I am hungry. Please may I have a piece of cake?"

마음씨 착한 소는 이 말을 듣고는 그냥 모른 체할 수가 없었습니다.

"OK. Have two pieces of cake."

소는 게으른 돼지에게 맛있는 케이크를 주었습니다. 그런데 이번에는 벌들이 날아왔습니다.

"Please may we have your flowers?"

이번에도 착한 소는 거절하지 않았습니다.

열심히 일한 소는 저녁이 되어서 매우 피곤했습니다. 그때 누군가 문을 두드리는 것이었습니다.

"Come in."

소는 누군지 확인도 하지 않고 들어오라고 했습니다. 그런데 이게 웬일입니까. 어디서 무서운 호랑이가 불쑥 나타난 것이었습니다.

"I am hungry."

소는 있는 힘을 다해 도망쳤습니다. 그리고는 이웃에 사는 게으른 돼지에게 찾아갔습니다.

"Please help me. A tiger is in my house. I am afraid."

소는 돼지에게 이렇게 사정을 했습니다. 그러나 못된 돼지는 낮에 소가 자기에게 먹을 것을 나눠 준 것도 잊은 듯 이렇게 말했습니다.

"I am sorry. I am tired."

그리고는 문을 쾅하고 닫고는 들어가 버렸습니다. 하는 수 없이 소는 이번에는 작은 벌들을 찾아갔습니다.

"Please help me. A tiger is in my house. I am afraid."

그러자 벌들은 알았다고 말하고는 호랑이에게 독침을 앞세워 달려들었습니다.

"Help! Help! I am afraid of bees."

호랑이는 멀리 도망가 버렸습니다. 소는 벌들이 너무나 고마웠습니다.

"Thank you, my friends."

그 후로 소와 벌은 더욱 사이좋게 지냈습니다. 여러분도 친구와 사이좋게 지내세요.

〈표현 연구〉

· I am hungry.(배가 고파요.)
· I am afraid.(무서워요.)
· May I have a piece of cake?(빵 한 조각만 주시겠어요?)
· Help me.(도와 주세요.)

일기를 직접 써 보세요.

*My English Diary*

***English Diary***

# Aunt's house

Date : Mon., Oct. 20    Weather : Cloudy and windy

Get up at seven. After breakfast, my brother and I go to the barber shop. After lunch we go to our aunt's house.
She gives us twelve fresh eggs.
I like to visit her.

〈도움 단어〉

barber [báːrber 바아버] 이발사.
※ barber shop 이발소.
lunch [lʌntʃ 런치] 점심.
aunt [ænt 앤트] 아주머니(고모·숙모·이모).
give [giv 기브] 주다.
fresh [freʃ 프레시] 신선한.

## 고모집

날짜 : 10월 20일 월요일     날씨 : 흐리고 바람 붐

7시에 일어납니다. 아침 식사 후 형과 나는 이발소에 갑니다. 점심 식사 후 우리는 고모 집에 갑니다.
고모는 우리에게 12개의 싱싱한 계란을 줍니다.
나는 고모를 방문하는 것이 좋습니다.

---

🔔〈도움말〉

◆ 「~에 가다」라는 표현은 「go to」를 사용합니다. to 다음에 가는 장소가 옵니다.

나는 일요일 아침에 교회에 갑니다.
I <u>go to</u> church sunday morning.
그는 걸어서 학교에 갑니다.
He <u>goes to</u> school on foot.

◆ give 같은 동사를 문법 용어로 수여 동사라고 합니다. 수여 동사에는 give 이외에도 tell(말하다), buy(사다), make(만들어 주다) 등이 있습니다. 이 수여 동사의 특징은 「누가 ~을 ~에게 ~해준다.」는 식의 글을 만들 때 쓰입니다.

예를 들어, '그가 나에게 상자를 만들어 준다.'는 'He makes me the box.'가 됩니다. 이때 주의할 점은 사람이 먼저 오고, 사물이 뒤에 온다는 겁니다.

## 2. 영호의 일기 I

그는 내게 책을 준다.
He gives me a book.
나는 그에게 시계를 사준다.
I buy him a watch.
어머니가 나에게 옷을 만들어 주신다.
My mother makes me a dress.

─────────────── 쉬어 가는 코너

● 친구들이 남길이한테 어떤 선물을 주었을까요. A는 책을, B는 인형을, C는 꽃을 그리고 나는 시계를 주었습니다. 보기에서 알맞은 단어를 찾아 써 보세요.

1) A gives him a _____.
2) B gives him a _____.
3) C gives him a _____.
4) I give him a _____.

〈보기〉

doll     clock     book     flower

일기를 직접 써 보세요.

*My English Diary*

*English Diary*

# Friend

Date : Fri., Oct. 31    Weather : Cloudy

I have two friends. They are Ki-Young and In-Suk.
Ki-Young is tall. He is not fat. He has short hair. And In-Suk is not tall. She is fat. She has black shoes.

〈도움 단어〉

tall [tɔːl 토올] 키 큰.
fat [fæt 팻] 살 찐.
short [ʃɔːrt 쇼옷] 짧은.
shoe [ʃuː 슈우] 구두.

## 친구

날짜 : 10월 31일 금요일    날씨 : 흐림

나는 친구가 두 명 있습니다. 그들은 기영이와 인숙이입니다.
기영이는 키가 큽니다. 그는 뚱뚱하지 않습니다. 그는 머리가 짧습니다. 그리고 인숙이는 키가 크지 않습니다.
그녀는 뚱뚱합니다. 그녀는 검은 신발을 가지고 있습니다.

### 도움말

◆ 「~이다.」와 「~가 아니다.」라는 표현을 연습해 봅시다.

· It is a cup.
  (그것은 컵입니다.)

· It is not a cup.
  (그것은 컵이 아닙니다.)

· It is a glass.
  (그것은 유리잔입니다.)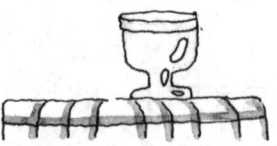

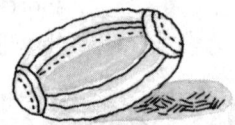

· It is a ball.
  (그것은 공입니다.)

· It is not a ball.
  (그것은 공이 아닙니다.)

· It is an egg.
  (그것은 계란입니다.)

### 재미있는 영어 이야기

1년에는 12달이 있습니다. 이 12달의 이름은 어디서 유래되었는지 혹시 아세요?

1월을 의미하는 January는 고대 로마의 신 야누스(*Janus*)에서 유래된 말인데, 야누스는 집이나 성문을 지키는 신으로 앞뒤의 두 얼굴로 안쪽과 바깥쪽을 동시에 볼 수 있었다고 합니다. 문이 출발이라는 데서 야누스는 시작을 나타내는 신으로 숭배되었는데, 여기서 한 해의 시작인 1월은 야누스의 달, January가 된 것입니다.

2월의 February는 페브루아(*Februa*)라는 말에서 유래되었는데, 페브루아는 로마인들이 액막이를 위해 매년 2월 15일에 거행하던 제계 의식의 축제를 가리키는 말이었습니다. 3월의 March는 로마의 군신인 마르스(*Mars*)에서 유래한 말입니다. 4월의 April은 새싹이 나온다는 라틴어 아페리오(*Aperio*)에서 생겨난 말입니다. 5월인 May는 로마의 여신 마이아(*Maia*)에서 생겨난 말로서 마이아는 봄의 여신으로 숭배되었습니다.

6월의 June은 쥬노(*Juno*)에서 생겨난 말로서 쥬노는 쥬피터(*Jupiter*)의 아내로 로마의 최고의 여신으로 숭배되었습니다. 7월의 July는 7월에 태어난 로마의 영웅인 케사르(*Caesar*)의 이름을 따서 만들었고, 8월의 August는 로마 초대 황제인 아우구스투스(*Augustus*)의 이름에서 나왔습니다.

9월부터 12월까지의 이름이 생겨나게 된 것은 좀 특이한 이유가 있습니다. 다름이 아니라 본래 기원전 로마의 달력은 1년이 10달로 되어 있었는데, 당시 일곱 번째 달을 라틴어로 September라고 불렀으며, 여덟, 아홉, 열 번째 달을 각각 October, November, December라고 불렀습니다. 이것들은 각각 라틴어의 7, 8, 9, 10을 나타내는 Septem, Octo, Novem, Decem에서 따온 것입니다.

　그런데 7월, 8월의 명칭을 율리우스와 아우구스투스의 이름을 따서 부르게 됨에 따라 원래 7, 8, 9, 10월이었던 것이 각각 두 달씩 밀려 결국 9, 10, 11, 12월의 명칭이 되게 된 것입니다.

일기를 직접 써 보세요.

*My English Diary*

*English Diary*

# Test

Date : Sat., Nov. 1  Weather : Fine

Got up late this morning.
Have a spelling test in English.
In the evening, my father takes me to the movie theater.
We have a very good time.

〈도움 단어〉

late [leit 레이트] 늦게.
spelling [spéliŋ 스펠링] (단어의) 철자.
test [test 테스트] 시험.
movie [mú:vi 무우비] (보통 복수로) 영화.
time [taim 타임] 시간.

## 시험

날짜 : 11월 1일 토요일    날씨 : 맑음

오늘 아침에 늦게 일어났다.
영어 철자 시험을 치른다.
저녁에 아버지가 나를 극장에 데려 가신다.
우린 정말 즐거운 시간을 가진다.

### 도움말

◆ in을 문법 용어로 전치사라고 합니다. in은 여러 가지 뜻으로 쓰이니 중요한 몇 가지만 알아보도록 합시다.

① (장소·위치를 나타내어)「~의 안에서」라는 뜻으로 쓰입니다.

파란 새가 새장 안에 있다.
The blue bird is in the cage.

※ cage [keidʒ 케이지] 새장

교실에는 많은 학생들이 있습니다.
There are many students in the classroom.

②「~의 재료로 써서」,「~의 방법으로」라는 뜻으로 쓰입니다.

이 그림은 유화로 그리는 중이다.
I am painting this picture in oils.

영어로 말할 수 있습니까?
Can you speak in English?

◆ take라는 동사도 여러 가지 뜻으로 쓰입니다. 영어 일기를 잘 쓰기 위해선 이런 동사의 활용을 잘 알아야 합니다. 다음 예문들을 보고 익혀 보세요.

① (사람・동물을)「데리고 가다.」라는 뜻으로 쓰입니다.
   아버지는 우리를 동물원에 데리고 가신다.
   My father takes us to the zoo.
② (탈 것)에 타다.
   take a bus  버스를 타다.
   그들은 9시 30분 발 열차를 탄다.
   They take the 9 : 30 train.
③ (어떤 행동)을 하다.
   take a rest 휴식하다.
   take a walk 산책하다.
   많은 사람들이 아침에 산책을 하고 있다.
   Many people are taking a walk in the morning.

──────────────────────── 쉬어 가는 코너

● 철수의 방입니다. 침대도 있고, 램프도 있고, 라디오도 있고, 여러 가지가 어지럽게 놓여 있네요. 무엇이 어디에 있는지 알아봅시다.

The lamp is <u>on</u> the table.
(전등은 테이블 위에 있습니다.)

The pillow is <u>on</u> the floor.
(베개는 방바닥 위에 있습니다.)

※ pillow [pílou 필로우] 베개.

The radio is <u>on</u> the table.
(라디오는 테이블 위에 있습니다.)

The clock is <u>on</u> the chair.
(시계는 의자 위에 있습니다.)

The slippers are <u>under</u> the bed.
(슬리퍼는 침대 밑에 있습니다.)

• on이나 under는 「~에」하는 장소에 쓰이는 전치사 입니다. 이와 같은 장소를 나타내는 것은 몇 가지가 더 있습니다. 그림을 보고 알아봅시다.

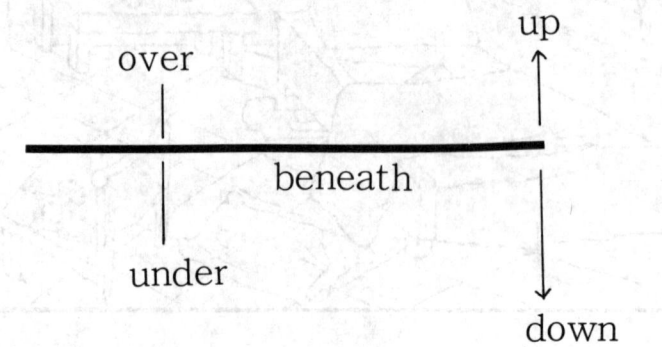

The plane is flying <u>over</u> the mountain.
(비행기가 산 위를 날아가고 있다.)

They go <u>down</u> the hill.
(그들은 언덕 아래로 내려간다.)

## 재미있는 영어 이야기

　신혼 여행을 영어로 honeymoon이라고 합니다. 그런데 신혼 여행을 honeymoon이라고 부른 데는 여러 가지 설이 있습니다. 먼저 단어에서도 추측할 수 있듯이 달콤한 꿀(*honey*)과 밤을 상징하는 달(*moon*)이 신혼 여행의 분위기와 잘 어울려 생겨났다는 설과 moon이 달이 아니고 month의 의미로서 옛날 유럽에서는 결혼한 후 한달 동안 신혼 부부가 매일 꿀을 먹는 관습이 있었기에 이런 명칭이 생겼다는 설이 있습니다.

일기를 직접 써 보세요.

*My English Diary*

*English Diary*

# Mung-chi

Date : Sat., Nov. 22    Weather : Fine

I have a dog. Its name is Mung-chi.
I like Mung-chi very much. Mung-chi
likes running.
I run after Mung-chi, too.

〈도움 단어〉

like [laik 라이크] ~을 좋아하다.
very [véri 베리] 대단히, 매우.
much [mʌtʃ 머치] 많은 양의. very much ;「매우」.
run [rʌn 런] 달리다.
after [ǽftər 애프터] ~의 뒤에.

## 뭉치

날짜 : 11월 22일 토요일    날씨 : 맑음

나는 강아지 한 마리가 있습니다. 그 강아지의 이름은 뭉치입니다.
나는 뭉치를 매우 좋아합니다. 뭉치는 달리기를 좋아합니다.
나도 또한 뭉치 뒤에서 달립니다.


### 도움말

◆ 「~을 좋아하다.」는 like라는 말을 씁니다. 「~을 좋아하지 않는다.」는 don't like를 쓰구요. 이 두 가지를 이용하여 문장을 만들어 볼까요.

- Tom likes ice cream cones.
  (탐은 아이스 크림을 좋아합니다.)
- The dog likes meat.
  (개는 고기를 좋아한다.)
- I like hamburgers.
  (나는 햄버거를 좋아한다.)
- I don't like potatoes.
  (나는 감자를 좋아하지 않는다.)

◆ 「~하고 있는 중이다.」라는 표현을 어떻게 할까요. 간단합니다. 「~한다.」는 동사 뒤에 「be동사(am, are, is)＋~ing」를 붙여서 쓰면 되는 거예요.

be eating
(먹는 중이다.)

be drinking
(마시는 중이다.)

be laughing
(웃는 중이다.)

be crying
(우는 중이다.)

be reading
(책을 읽는 중이다.)

be drawing
(그림을 그리는 중이다.)

He is laughing. (그는 웃고 있는 중이다.)
She is crying. (그녀는 울고 있는 중이다.)

─────────────────── 쉬어 가는 코너

● 우리 친구들이 뭔가를 열심히 하는 중이네요. 무엇을 하는지 문장을 만들어 볼까요?

1) Tom is _____.
　（탐이 먹고 있는 중입니다.）

2) Mary is _____.
　（메어리는 책을 읽고 있는 중입니다.）

3) Su-Mi is _____.
　（수미가 걷고 있는 중입니다.）

4) Betty is _____.
　（베티가 음료수를 마시고 있는 중입니다.）

• 재홍이와 승현이가 무슨 얘기를 하고 있네요. 그런데 재홍이가 갑자기 왜 저렇게 살이 쪘죠. 우리 무슨 일인가 알아봅시다.

Jae-Hong : I like candies. (나는 캔디를 좋아해.)
Sŭng-Hyŏn : I don't like candies. (나는 캔디 별로야.)

Jae-Hong : I like cookies, too. (나는 쿠키도 역시 좋아해.)
Sŭng-Hyŏn : I don't like cookies, either.
(나는 쿠키도 역시 안 좋아해.)

Jae-Hong : I like hamburgers. (나는 햄버거도 좋아해.)

Sŭng-Hyŏn : I don't like hamburgers. (나는 햄버거도 안 좋아해.)

Jae-Hong : I like sandwiches, too. (나는 샌드위치도 좋아해.)

Sŭng-Hyŏn : I don't like sandwiches, either. (나는 샌드위치도 안 좋아해.)

## 재미있는 영어 이야기

　학교에서 가끔 독후감이나 어떤 숙제를「원고지 몇 장 써 와라.」하고 선생님이 숙제의 양을 정해 주시는 경우가 있습니다. 그러나 원고지를 사용하지 않는 미국에서는 이런 숙제의 양을 어떤 식으로 표시하는지 궁금하지 않습니까?
　영어는 원고지를 사용하여 기록하지 않기 때문에 글의 양을 측정할 때는 단어의 수로 표시하는 경우가 가장 일반적입니다. 예컨대 이번 숙제는 400~450 단어로 해오라는 식으로 합니다. 그리고 만약 400단어가 안되거나, 450단어가 넘어가면 감점 조치를 당하기도 합니다.
　그리고 요즘은 컴퓨터나 타자기를 이용하는 경우가 많아지면서 종이 크기(4절지니 16절지니 하는 것)도 몇 장 같은 식으로 원고의 양을 표시하기도 합니다.

일기를 직접 써 보세요.

*My English Diary*

*English Diary*

## My favorite season

Date : Tue., Dec. 9    Weather : Cloudy and windy

My favorite season is winter.
It is the last season of the year.
It's very cold and we have much snow.
I like snow very much.

〈도움 단어〉

favorite [féivərit 페이버릿] 좋아하는.
season [síːzn 시이즌] 계절.
cold [kould 코울드] 추운.

### 내가 좋아하는 계절

날짜 : 12월 9일 화요일    날씨 : 흐리고 바람이 붐

내가 좋아하는 계절은 겨울이다.
겨울은 일년 중 마지막 계절이다.
겨울은 춥고 눈도 많이 온다.
나는 눈을 매우 좋아한다.

### 도움말

◆ 1년은 4계절로 이루어져 있습니다. 봄을 spring이라 하고, 여름은 summer, 가을은 fall이라고도 하고 autumn이라고도 합니다. 그리고 겨울은 winter라고 부릅니다. 다음 계절과 관계있는 말을 서로 연결해 보세요.

Spring        Summer        Autumn        Winter




Cool          Cold          Hot           Warm

◆ have는 「가지다.」, 「소유하다.」는 뜻의 동사입니다. 이 have 동사도 주어가 누구냐에 따라 글자 모양이 달라집니다. 그(He), 그녀(She), 그것(It)만 'has'를 사용하고, 나머지는 모두 'have'를 사용합니다.

가령, 「당신은 피아노를 가지고 있습니다.」는 「You have a piano.」라고 하지만 「그녀는 피아노를 가지고 있습니다.」는 「She has a piano.」가 되는 겁니다. 별로 복잡한 변화도 아니니 이 시간에 외워 버립시다.

I have ···     We have ···
You have ···   You have ···
He has ···    They have ···
She has ···
It has ···

──────────────── 쉬어 가는 코너

• 다음 그림들은 12달의 날씨를 나타낸 것입니다. 예문을 참고하여 각 달의 날씨를 문장으로 만들어 보세요.

January and February's weather
　　　　　　　　　is cold and dry.
(1월과 2월의 날씨는 춥고 건조합니다.)

March and April's weather is wet and cool.
(3월과 4월의 날씨는 습하고 서늘합니다.)

1) May / June / warm / wet

---

(5월과 6월의 날씨는 따스하고 습합니다.)

2. 영호의 일기 I   143

2) July / August / hot / wet

_____

_____

(7월과 8월의 날씨는 덥고 습합니다.)

September and October's weather is warm and dry.

(9월과 10월의 날씨는 따뜻하고 건조합니다.)

3) November / December / dry / cold

_____

_____

(11월과 12월의 날씨는 춥고 건조합니다.)

**재미있는 영어 이야기**

미국은 우리와는 달리 여름 방학이 석달이고 겨울 방학은 없습니다. 그 이유는 미국이 농업에 의존하던 시절의 전통에 있다고 합니다. 즉 자녀들로 하여금 집안의 농사일을 돕도록 농번기에 긴 방학을 주던 초기의 전통에서 유래한다고 하는데, 오늘날 공업화된 사회에서 더이상 긴 여름 방학의 의미가 없음에도 여전히 지켜지고 있습니다. 우리 나라에서 겨울 방학이 긴 이유는 난방에 따른 연료비 절감에 있습니다.

일기를 직접 써 보세요.

*My English Diary*

# 3

## 영호의 일기 II

*English Diary*

## The practice teacher

Date : Wed., April. 13   Weather : Fine

Yesterday the practice teachers came to my school.
The English practice teacher came to our classroom.
The practice teacher is a university student.
She teaches us many things.
I am waiting for her class today.

〈도움 단어〉

practice [præktis 프랙티스] 실습하다. 연습하다.
university [juːnivə́ːrsiti 유니버시티] 대학
wait [weit 웨이트] 기다리다.

### 교생 선생님

날짜 : 4월 13일 수요일    날씨 : 맑음

어제 교생 선생님들이 우리 학교에 왔다.
우리 교실에는 영어 교생 선생님이 왔다.
교생 선생님은 대학생이다.
그녀는 우리에게 많은 것을 가르쳐 주셨다.
나는 그녀의 수업을 기다린다.

**✵ 도움말**

◆ 부정관사

 명사의 앞에 붙이는 것으로 a, an, the를 관사라 하며, 그 중에서 a, an은 부정관사라 합니다. a는 자음, an은 모음 앞에 붙이지만 그 구별은 철자가 아니라 발음기호에 의해서 구별합니다.

　　an hour　　　a year　　　a useful book
 부정관사는 하나의 뜻으로 사용되나, 해석하지 않습니다.
　　He is an honest boy.(그는 정직한 소년이다.)
 부정관사는 「~마다」의 뜻으로 per(each)와 같습니다.
　　I take a bath once a day.(나는 하루에 한번 목욕한다.)
 부정관사를 고유명사 앞에 붙이면 「~과 같은 사람」,「어떤~」의 뜻으로 해석됩니다.
　　I want to be a Newton.(나는 뉴턴과 같은 사람이 되고 싶다.)

─────────────────────────────── 쉬어 가는 코너

• 냉장고 안에는 무엇이 얼마만큼 들어 있을까요?
　그림을 보고 아래의 물음에 any와 some을 이용하여 answer 해봅시다.

1) Is there any meat in the fridge?
　No, _____
2) Are there any oranges in the fridge?
　No, _____
3) Is there any milk in the fridge?
　Yes, _____
4) Are there any cup cakes in the fridge?
　Yes, _____

### 재미있는 영어 이야기

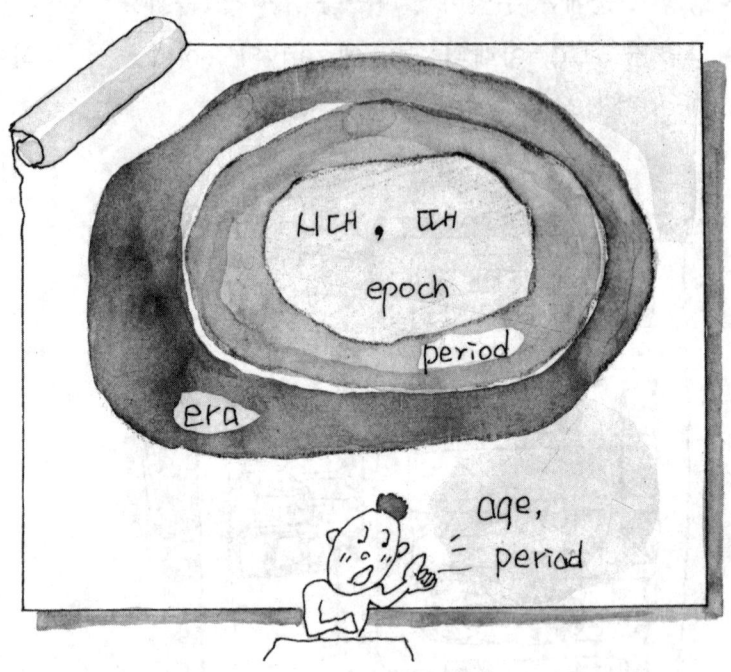

　시대라는 뜻을 가지는 단어로는 period, age, epoch, era의 단어가 있지요. 그런데 그 단어들은 뜻의 차이를 가진답니다. 이 단어들은 지질학에서는 뚜렷이 구분이 되지만 일반적으로는 큰 차이 없이 '시대, 때'를 나타냅니다. 지질학에서 era는 비교적 긴 기간으로서 period로 나뉘어지며, period는 다시 epoch 로 나뉘므로 큰 범위부터 순서대로 말하면 era→period→epoch가 되지요. 하지만 일반적으로는 age, period가 보편적으로 쓰이고 era와 epoch는 좀 문어적이고 공식적인 표현에 쓰입니다.

일기를 직접 써 보세요.

*My English Diary*

*English Diary*

## Seoul, my city

Date : Wed., April. 20    Weather : Cloudy

I was born in Seoul. Seoul is the capital city of Korea, and the center of Korea. There is harmony between the old and the new in Seoul.
There are many palaces and skyscra-pers in Seoul.
But I don't like Seoul sometimes.
Seoul is as large as New York.

〈도움 단어〉

capital [kǽpitl 캐피틀] 수도.
palace [pǽlis 팰리스] 궁전, 대궐.
skyscraper [skáiskreipər 스카이 스크레이퍼].
　　　　　　　　마천루, 초고층 빌딩.
sometimes [sʌ́mtaimz 섬타임즈] 때로는, 때때로.

## 서울, 나의 도시

날짜 : 4월 20일 수요일    날씨 : 흐림

나는 서울에서 태어났다. 서울은 한국의 수도이고, 한국의 중심이다. 서울에는 새로운 것과 낡은 것의 조화가 있다.
서울에는 많은 고궁들이 있고, 높은 빌딩이 있다.
서울은 뉴욕만큼 큰 도시이다.
그러나 때로는 서울이 싫다.

### 도움말

◆ 동등 비교 as~as.

as~as는 「~만큼 ~하다」의 뜻으로 서로 동등한 것을 비교할 때 사용합니다.

He is as old as my grandfather.

위 문장은 「그는 나의 할아버지만큼 늙으셨다」는 뜻으로, 그와 내 할아버지는 나이가 거의 같다는 뜻이 되죠.

He is tall.
She is tall, too.
→He is as tall as she.

그럼 이제 직접 연습해 봅시다.

My pencil is long.
Your pencil is long, too.
→My pencil is as long as yours.
I can swim fast.
He can swim fast, too.
→I can swim as fast as he.

―――――――――――――――― 쉬어 가는 코너

● 지구에는 많은 사람들이 살고 있지요. 그럼 어느 도시에 누가 살고 있는지 아래 그림을 보고 알아볼까요.

Mitchell

Jane

Elizabeth

Tom

Lina

Charles

Who is in Buenos Aires?

    Charles lives in Buenos Aires.

Who is in London?

    Jane lives in London.

Who is in Athens?

    Lina lives in Athens.

Who is in Delhi?

    Tom lives in Delhi.

Who is in Melbourne?

    Elizabeth lives in Melbourne.

Who's in Paris?

    Mitchell lives in Paris.

## 재미있는 영어 이야기

예전에 어느 코미디 프로그램에서 어떤 코미디언이 자신의 이름을 소개하던 것이 기억나는군요. 그의 이름은 「김수한무거북이와두루미삼천갑자 ～」였습니다. 아주 길죠. 한번 부르려면 며칠 걸리겠네요. 영어에도 이처럼 긴 단어가 있답니다. 그 중 하나를 알아보면, Pneumonoultramicroscopicsilicovolcanoconiosis란 단어입니다.

무슨 뜻일까요, 「진폐증」이란 뜻이랍니다. 외울 수 있을까요?

〈pneumono + ultra + micro + scopic + silico + volcano + coni + osis〉

일기를 직접 써 보세요.

*My English Diary*

*English Diary*

# Basketball

Date : Fri., May. 6    Weather : Fine

Today I played basketball with my friends after school. Our team was losing the game twenty to fifteen. At last our team won by one point.
I became a star player. I'm very happy.

〈도움 단어〉

basketball [bǽskitbɔːl 배스킷볼] 농구.
team [tiːm 팀] (경기의) 팀, 조.
star [staːr 스타] 별, 항성 ; 스타.

## 농구

**날짜 : 5월 6일 금요일    날씨 : 맑음**

오늘 방과 후에 친구들과 농구를 했다. 우리 팀이 20대 15로 지고 있었다. 마지막에는 우리 팀이 1점차로 이겼다. 난 스타가 됐다. 매우 기쁘다.

### 도움말

◆ play란 동사는 「놀다」, 「연주하다」의 뜻이 있습니다.

그런데 play란 동사 뒤에 악기명이 오게 되면 정관사도 항상 같이 오게 됩니다.

예를 들면 play the piano, play the guitar식이 되지요. 그런데 play란 동사 뒤에 운동 경기가 오면 정관사는 안 붙지요.

즉 play football, play baseball 등이 되는 것이지요.

◆ school은 무슨 뜻인지 아시죠?

그러면 다음 두 문장의 차이점을 알아봅시다.

I go to the school. ……①

I go to school. ……②

①의 뜻은 '학교'의 본연의 임무인 공부가 아닌, 학교라는 건물에 가는 것이지요. ②의 뜻은 「수업을 받으러 간다」는 뜻이 되지요. 이처럼 영어에서는 '정관사'가 매우 중요하답니다.

다음을 영어로 옮겨봅시다.
① 나는 교회에 간다. I go to the church.
② 나는 예배드리러 간다. I go to church.
③ 그녀는 입원했다. She goes to hospital.

―――――――――――――――― 쉬어 가는 코너
• 농구에 대하여 알아봅시다.

농구(basketball)의 유래는 초기에 바구니(basket)를 매달아 놓고 거기에 공을 던지며 놀던 것이 오늘에 이르렀죠.

그림은 농구장의 규격과 명칭입니다. 단어 공부도 해봅시다.

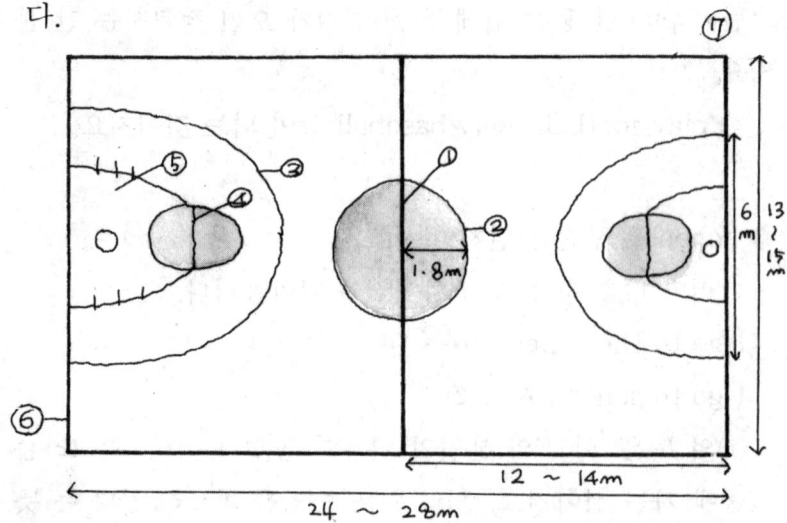

① center line ② center circle ③ three point line
④ free throw line ⑤ Free throw lane(painting area)
⑥ end line ⑦ side line

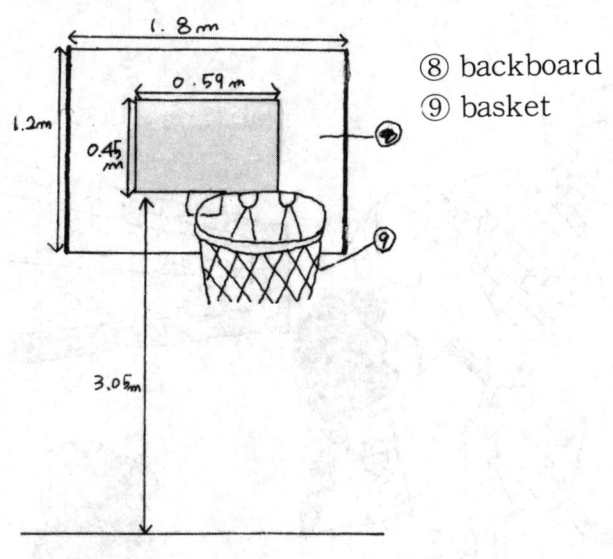

⬧ 농구의 포지션(position)과 임무 ⬧

point guard(PG) : 농구에서의 총사령관으로, 볼은 이 선수에서부터 시작된다.

second guard(SG) : PG를 돕는 가드.

center(C) : 그 팀에서 키가 제일 큰 선수로 골 밑을 장악한다.

power forward(PF) : 힘으로 골을 점령하는 선수.

small forward(SF) : 작지만 야투가 정확한 선수로 기용.

그림을 보고 물음에 대답해 봅시다.

1) What's the score now?

   The score is _____ to _____.
2) Which team is winning?

   The _____ team is.
3) By how many points are they leading?

   They are leading by _____

### 재미있는 영어 이야기

우리 나라 사람들의 성은 굉장히 다양합니다. 그 중 가장 많은 성은 김씨, 이씨, 박씨 등이죠. 우리 나라의 성은 주로 조상이 살던 곳을 뜻하죠. 예를 들면 밀양 박씨 같은 것이죠. 그렇다면 외국인들의 성(last name이라 하죠)은 무엇을 의미할까요?

주로 직업에서 온 성들이 많답니다. 예를 들면 Baker는 빵집주인, Bauer는 농부, 'Top of the world'를 부른 남매 가수 Carpenters는 목수, Smith는 대장장이 등이죠. 독일의 작곡가 Wagner(영어로는 와그너, 독어로는 바그너)의 선조의 직업은 무엇이었을까요? 네, 마차 만드는 사람이었 겠죠. 마차에서 용 났네요.

일기를 직접 써 보세요.

*My English Diary*

*English Diary*

# Game

Date : Sat., May. 14　　Weather : Cloudy

There are many game rooms in front of our school.
Today, I went to the game room with my friend.
I like the street-fighter game. It is a very popular game among us. I lost to my friend, too. He plays much better than I.

〈도움 단어〉

game [geim 게임] 오락.
popular [pápjulər 파퓰러] 인기있는, 유행의.
in front of ~의 앞에.

## 오락

날짜 : 5월 14일 토요일    날씨 : 흐림

학교 앞에는 오락실이 많다. 오늘 나는 친구와 오락실에 갔다. 나는 스트리트 화이터를 좋아한다. 이 오락은 매우 인기있는 것이다. 오늘도 내 친구한테 또 졌다. 그는 나보다 훨씬 잘한다.

### 도움말
◆ 비교급

둘을 비교할 때 사용하는 말로 형용사·부사의 끝에 -er을 붙여 「더 ~한」의 뜻으로 쓰입니다.

즉 small→smaller, old→older, fast→faster

그럼 연습해 봅시다.

He is taller than you.

그는 너보다 키가 크다.

또, much가 비교급 앞에 오면, 「훨씬 ~하다」의 뜻이 되죠.

He is much taller than you.

그는 너보다 훨씬 크다.

───────────────── 쉬어 가는 코너

● 영어에서 전치사는 상당히 까다롭습니다. 그림을 보며 전치사를 맞춰 봅시다.

⟨보기⟩ in front of, behind, between
on, under, below

1) The truck is _____ the large car.
2) The small car is _____ the motor-cycle.
3) The small car is _____ the truck and the motorcycle.
4) The car is _____ the bridge.
5) There's a boat _____ the bridge.

### 재미있는 영어 이야기

　Halloween Day를 아십니까? 케빈 코스트너 주연 영화 《*A Perfect World*》에서 주인공은 꼬마를 데리고 강도짓을 하고, 또 《*E.T*》에서도 주인공이 외계인을 자전거를 태우고 밖으로 날아다니던 날이 바로 할로윈 데이(*Halloween Day*)랍니다.

　Halloween Day는 미국과 영국에서의 10월 31일로 주로 어린이들이 얼굴을 분장하여 — 대개는 무서운 귀신으로 — 집집마다 돌아다니면서 문을 두드리며 「Trick or treat?」(놀라 볼래, 대접할래)하며 사탕이나 과자를 얻어먹던 날이랍니다. 그런데 이런 놀이마저 모 기업에서는 수입하더군요. 이제 왜 E. T.를 이날 데리고 나왔는지 이해하시겠지요.

일기를 직접 써 보세요.

**My English Diary**

*English Diary*

# Examination

Date : Sun., May. 22    Weather : Cloudy

The mid-term examination begins tomorrow.
I am good at Korean and English, but I'm poor at math. I am busy preparing for an examination now. But I will cram for this test, too.

〈도움 단어〉

term [təːm 텀] 학기.
examination [igzæmənéiʃən 이그재머네이션] 시험.
prepare [pripɛ́ər 프리페어] 준비하다.
cram [kræm 크램] (시험을 위해) 벼락치기 공부를 하다.

## 시험

---
날짜 : 5월 22일 일요일    날씨 : 흐림

중간 고사가 내일부터 시작된다. 난 국어, 영어는 잘하는데 수학을 못 한다. 지금 시험 준비하느라고 바쁘다. 근데 이번 시험도 역시 벼락치기가 될 것이다.

---

### 🌟도움말

◆ will(=be going to)

　미래의 사실을 표현하는 방법을 쓰려면「will+동사의 원형」을 쓰면 됩니다.

　그럼, 다음을 연습해 봅시다.

　나는 내일 테니스를 칠 것이다.

I will play tennis tomorrow.

　will은 'be going to'와 같은 뜻입니다.

　또, 「주어+will」은 줄임말로 사용할 수 있습니다.

I will→I'll　　　you will→you'll

he will→he'll　　it will→it'll

we will→we'll　　they will→they'll

─────────────── 쉬어 가는 코너
● 해석을 보고 문장을 바꾸어 봅시다.

1. I am going to clean the kitchen.
   (난 부엌을 청소할 꺼야.)
   Then I will clean the windows.
   (그럼 난 창문을 닦아야지.)

2. I am going to cook breakfast.
   (난 아침을 할 예정이야.)
   Then I will cook lunch.
   (그럼 난 점심을 할께.)

3. I am going to make a table.
   (난 탁자를 만들려고 해.)
   Then I will make a chair.
   (그럼 난 의자를 만들께.)

　　위의 예문들에서 보듯이 'be going to'와 'will'의 뜻은 같지만 'be going to'보다 'will'이 더 먼 미래를 나타낸다는 것을 알 수 있습니다.

우리가 학교에서 배우는 과목은 영어로 어떻게 될까요, 다음 영어와 국어를 잘 맞춰 볼까요?

| 과목 | Subject |
|---|---|
| 국어 • | • English |
| 영어 • | • Biology |
| 수학 • | • Physical education |
| 물상 • | • Chinese writing |
| 생물 • | • Mathematics |
| 체육 • | • Korean |
| 한문 • | • Physics |

### 재미있는 영어 이야기

　이제 여름이 더욱더 더워지면 우리의 친구 개들이 수난을 당할 것입니다. 인간과 가장 친하고 어떤 동물보다 인간과 가장 가까이 있는 개이지만 저속한 언어를 말할 때, '개'는 접두사로 꼭 들어갑니다. 즉 '개판', '개꿈', '개구멍' 식으로요. 그런데 이런 것들이 영어에서도 그렇답니다. 예를 보면 「die like a dog」는 「비참하게 죽다」라는 뜻이고, 「dogfight」는 「격렬한 싸움」, 「dead dog」는 「무용지물」을 뜻한답니다. 그럼 dog days는 무슨 뜻일까요. 예, 상상력이 풍부하시군요. 「삼복」이란 뜻입니다. 그밖에 「Every dog has his day」란 「쥐구멍에도 볕들 날 있다」라는 속담으로 많이 쓰이죠.

일기를 직접 써 보세요.

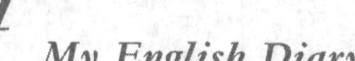

*English Diary*

# My Room

Date : Tue., May. 24    Weather : Cloudy

My room is very tiny. But I like my room. Because I have the space only to myself
In my room, a picture of my favorite actress is hung on the door.
At the right side of the door, there is a desk. And there is a audio beside the desk.
My room is a valuable space to me.

〈도움 단어〉

tiny [táini 타이니] 조그마한, 아주 작은.
space [speis 스페이스] 공간.
actress [ǽktris 액트리스] 여배우.
hang [hæŋ 행] 걸다.
valuable [vǽljuəbl 밸류어블] 값비싼, 귀중한

## 내 방

날짜 : 5월 24일 화요일    날씨 : 흐림

내 방은 매우 작다. 하지만 나는 내 방이 좋다.
이유는 나만의 공간을 가질 수 있기 때문이다. 내 방에는 문에 내가 좋아하는 여배우의 사진이 걸려 있다. 문의 오른쪽에는 책상이 있고, 책상 옆에는 오디오가 있다. 내 방은 나에게 소중한 공간이다.

### ※도움말
◆ 수동태

수동태란 국어의 피동형으로 「be동사+과거분사」의 형태를 취합니다. 즉, 사물이 주어일 때 동작을 받는 형식을 말하는 것이지요. 예문을 통해 봅시다.

〈능동태〉 Mary wrote this letter. (메리가 이 편지를 썼다.)

〈수동태〉 This letter was written by Mary. (이 편지는 메리에 의해 쓰여졌다.)

수동 표현을 쓰려면 동사의 활용형을 알아야겠죠. 그럼 연습해 봅시다. 다음 문장을 수동태로 바꾸어 봅시다.

〈능〉 He opened the door. (그는 문을 열었다.)
〈수〉 The door was opened by him.
〈능〉 Su-Mi closed the window. (수미가 창문을 닫았다.)
〈수〉 The window was closed by Su-Mi.

―――――――――――――――――――― 쉬어 가는 코너
• 철수의 방입니다. 아주 깨끗하죠. 그럼 철수의 방을 보고 아래 물음과 답을 짝지워 봅시다.

1) Where is the lamp?

　• It is ___ the cupboard.

2) Where is the bed?

　• It is _____ the window.

3) Where is the toothbrush?

　• It is ___ the shelf.

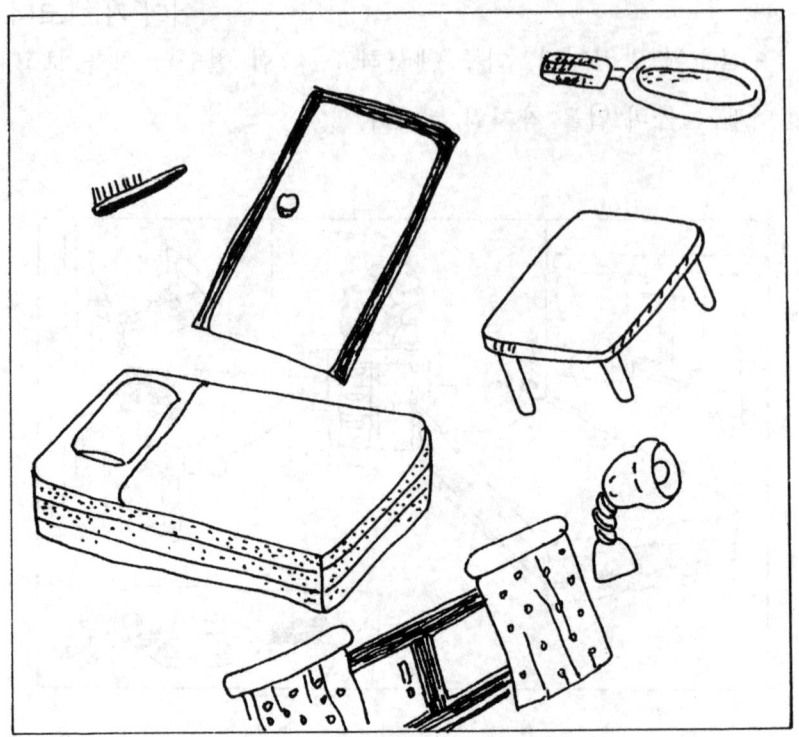

4) Where is the table?

• It is _____ the door.

5) Where is the cupboard?

• It is _____ the bed.

6) Where is the shelf?

• It is _____ the table.

## 재미있는 영어 이야기

　우리 나라의 소설이나 소설 제목을 보면 유교나 불교의 영향을 많이 받은 작품을 볼 수 있죠. 그렇듯이 영국이나 미국 작가들은 기독교의 경전인 성경에서 많은 영향을 받았답니다. 그래서 영문학과에서는 성경과 그리스·로마 신화를 배운답니다. 한 예로 존 스타인벡의 노벨문학상 작품인《분노의 포도 *The grapes of the wrath*》라는 표현은 구약성서에 나오는 표현이랍니다. 그 뜻은 하나님께서 악한 인간들에게 분노하여 마치 포도주를 만드는 틀에서 포도를 밟듯이 그들을 밟아버리겠다는 뜻이랍니다. 대충 이 책의 내용을 아시겠죠. 당연히 '포도'는 잘 안 나옵니다. 이렇듯 성경은 문학을 공부하고자 하는 이들에게 아주 유용한 것이랍니다.

일기를 직접 써 보세요.

*My English Diary*

*English Diary*

# Greco-Roman Myths

Date : Wed., May. 25     Weather : Rainy

I am reading "Greco-Roman Myths" these days.
There are many gods in the book. And they are very strong, and wise. This book is very interesting to me. I like Cupid among many gods in this book. Because he gives love to many people.

〈도움 단어〉

myth [miθ 미쓰] 신화, 전설.
cupid [kjú:pid 큐피드] 사랑의 사자, 연애의 신.
wise [waiz 와이즈] 슬기로운, 현명한.
these days [ði:z deiz 디즈 데이즈] 요즘.

## 그리스·로마 신화

날짜 : 5월 25일 수요일    날씨 : 비

난 요즘에 그리스·로마 신화를 읽고 있다. 그 책에는 많은 신들이 있다. 그리고 그들은 매우 강하고 슬기롭다. 이 책은 아주 재미있다. 많은 신 중에서 나는 큐피드를 좋아한다. 왜냐하면 그는 많은 사람에게 사랑을 주기 때문이다.

### 도움말

◆ among과 between의 차이점

둘다 '~사이'라는 뜻을 나타내지만 among은 셋 이상의 사물에, 막연히 그 가운데 있음을 나타내고 between은 둘 사이의 사물에 쓰입니다.

그럼 아래의 빈 칸을 채우면서 연습해 봅시다.

You must get up _____ six and seven.
(6시에서 7시 사이에 일어나야 한다.)

So-Yŏn sat _____ two boys.
(소연은 두 소년 사이에 앉았다.)

Sŏn-Hee fell asleep _____ the beautiful flowers.
(선희는 아름다운 꽃들 사이에서 잠이 들었다.)

He is very popular _____ boys and girls.
(그는 소년 소녀 사이에서 매우 유명하다.)

3. 영호의 일기 Ⅱ   187

─────────────── 쉬어 가는 코너

• 신화( *myth* )에 나올 수 있는 사람이나 동물의 이름을 알 아봅시다.

① 유니콘(*Unicorn*) 이마에 뿔이 하나 있는 전설적인 동물.

② 용(*Dragon*)

③ 판, 목양신(*Pan*) 목동, 산야의 신으로 염소 뿔과 다리를 가졌으며, 피리를 붊.

④ 스프라이트(*Sprite*) 작은 요정, 도깨비.
　피터팬에서의 팅커벨도 요정임.

⑤ 하피(*Harpy*) 얼굴과 상반신은 추녀로, 날개, 꼬리, 발톱은 새로 죽은 사람의 영혼을 따름.

⑥ 켄타우로스(*Centaur*) 반인 반마의 괴물, 명기수.

⑦ 머메이드(*Mermaid*) 인어.

⑧ 위치(*Witch*) 마녀 《*The witch of oz*》 읽어 보셨죠.

⑨ 자이언트(*Giant*) 거인.

⑩ 브라우니(*Browine*) 밤에 몰래 농가의 일을 도와 준다는 작은 요정.

⑪ 님프(*Nymph*) 여정. sprite보다는 큰 요정.

Young-Sook : "Would you lend me your radio tonight?"

Hong-Sik : "Certainly. Are you giving a party?"

Young-Sook : "No, we want a quiet evening."

영숙 : "오늘밤 라디오를 빌려 주시지 않겠어요?"

홍식 : 그러세요. 파티를 여시게요?

영숙 : 아니오, 하룻밤 조용히 있고 싶어서요.

## 재미있는 영어 이야기

요즘 프리랜서(*free-lancer*)란 말을 많이 듣죠. 이것의 뜻은 '자유 계약자'이며, 이 말의 유래는 중세 시대에서 볼 수 있습니다. 이것은 돈을 위해서 어떠한 국가나 봉건 영주에게도 소속되지 않고 싸움터에 나갔던 이탈리아와 프랑스의 용병들을 말하는 것이었습니다. 여기서의 'free'는 어느 특정인에게 충성심을 가지지 않는다는 'free of loyalty'의 의미로 이 무사들은 가장 많은 보수를 주는 군주를 위해 싸웠습니다. 오늘날에 와서 이 말은 특정 고용자나 조직에 소속되지 않고, 부정기적인 수입을 얻는 자유 계약의 기고가, 디자이너, 연주자, 배우 등을 가리키는 말로 널리 쓰입니다.

일기를 직접 써 보세요.

*My English Diary*

*English Diary*

# Quarrel

Date : Sat., May. 26    Weather : Rainy

I quarreled with my friend at school. He is an intimate friend of mine. He made a fool of me in front of my girl friend. I was angry about what he said. But I think I do wrong to him. Friendship is like cutting water with a knife.

〈도움 단어〉

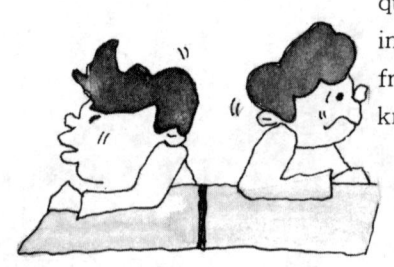

quarrel [kwɔ́(:)rəl 쿼럴] 싸움.
intimate [íntimit 인티밋] 절친한, 친밀한.
friendship [fréndʃip 프렌드십] 우정, 친교.
knife [naif 나이프] 칼.

## 싸움

날짜 : 5월 26일 토요일    날씨 : 비

나는 학교에서 내 친구와 싸웠다. 그는 나의 절친한 친구 중 하나이다. 그는 내 여자 친구 앞에서 나를 바보로 만들었다. 난 그가 한 말에 화가 났다. 그러나 내가 잘못했다고 생각한다. 우정은 칼로 물베기인가보다.

### 🕯 도움말
◆ 동명사

'동사 원형+~ing형'으로 형태는 「현재 분사」와 똑같은 것 아시죠! 동명사는 문장에서 주어, 목적어, 보어로 쓰이고요, 「~하는 것」으로 해석됩니다. 즉 동사이면서 명사 구실을 하는 것이지요.

Seeing is believing.(주어, 보어)

(보는 것은 믿는 것이다.)→(백문이 불여 일견이란 말 아시죠.)

The children enjoyed swimming in the pool.(enjoy의 목적어)

(아이들은 수영장에서 수영을 즐겼다.)

쉬어 가는 코너

• 우리는 길을 가다가 많은 표지판을 보게 되죠. 그것은 표시 언어 (*sign language*)라고 하죠. 아래 그림과 문장을 짝지어 봅시다.

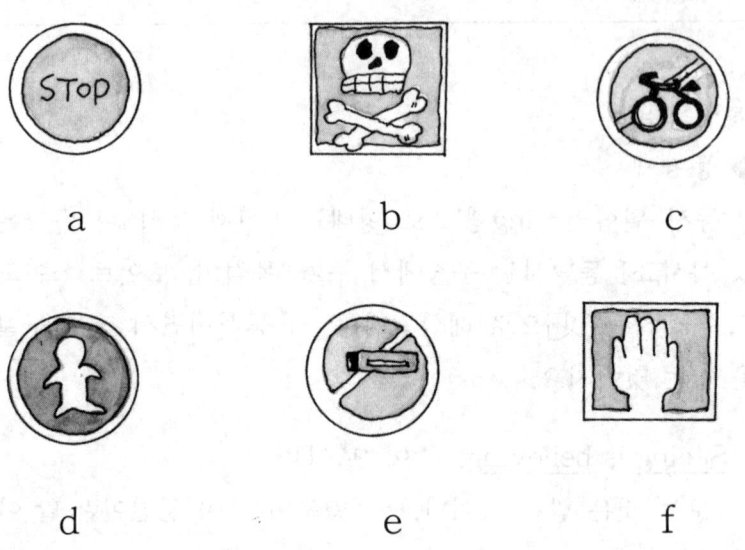

1. You can cross the road now.
2. You mustn't ride your bicycle here.
3. You mustn't drink or eat this.
4. You mustn't smoke.
5. You must stop here.
6. You mustn't litter.

## 재미있는 영어 이야기

좀 지저분한 이야기 할게요. 우리가 화장실에 일보러 갈때 흔히 큰 것, 작은 것 식의 은어를 쓰죠. 그렇다면 영어에도 이런 표현이 있을까요? 예, 없으면 왜 말을 꺼내겠냐고요? 맞습니다. 영어에서 이런 표현을 slang(비어)이라 하는데 '작은 것'을 No. 1, '큰 것'을 No. 2라고 합니다. '소변을 보다' 라는 표현으로는 urinate라는 동사가 있지만, make water, pass water를 많이 쓴답니다. 이를 해석하면 「물 버리러 가는 것」이죠. 화장실 갈 때, 오늘은 친구에게 유식하게 이렇게 물어 봅시다.

"Do you need to go pee?"

일기를 직접 써 보세요.

*English Diary*

# Park-2

Date : Wed., May. 30     Weather : Hot

I took my little brother to a park, today.

There are swings and slides in a park.

We enjoyed all the playthings. We had a lot of fun. But some people picked the beautiful flowers.

I think the park is for everybody.

We have to care for nature.

〈도움 단어〉

park [pa:rk 파크] 공원.
swing [swiŋ 스윙] 그네.
slide [slaid 슬라이드] 미끄럼대.
plaything [pléiθiŋ 플레이씽] 노리개, 장난감.
beautiful [bjú:tifəl 뷰우티펄] 아름다운, 예쁜.
pick [pik 픽] 뽑다, 따다.

### 공원

날짜 : 5월 30일 수요일     날씨 : 더움

오늘 나는 동생을 데리고 공원에 갔다. 공원에는 그네, 미끄럼틀이 있었다. 우리는 그 탈것을 타며 놀았다. 우리는 재미있게 놀았다. 그런데 어떤 사람들은 아름다운 꽃을 꺾고 있었다. 나는 공원은 모두를 위해 있다고 생각한다. 우리는 자연을 보호해야 한다.

### 도움말

◆ have to

'have to'는 must의 뜻으로, must 자체는 과거형을 쓸 수도 없고, 수·시제에 따라 변화시킬 수도 없으므로 must 대신 have to를 많이 씁니다.

I have to study science.
(나는 과학을 공부해야 한다.)
He has to get up early.
(그는 일찍 일어나야 한다.)
You will have to finish this work before tomorrow.
(너는 오늘까지 이 일을 끝내야 할 것이다.)

쉬어 가는 코너

• 그림을 보고 공원의 놀이 기구의 이름을 맞추어 보자.

A. Where is the seesaw?(1)
B. Where is the jungle gym?(2)
C. Where is the sandpit?(4)
D. Where is the climbing pole?(10)
E. Where is the swing?(5)
F. Where is the slide?(7)
G. (3에서) What are the two children playing? (horse shoes)
H. (6에서) What are they playing? (tag)
I. (8에서) What is he riding?(tricycle)
J. (9에서) What is the girl doing? (hopscotch)
K. (11에서) What is she doing? (skipping rope)

## 재미있는 영어 이야기

　　Washington Redskins는 '92년 미식 축구의 우승팀입니다. 여기서 redskin이란 무슨 뜻일까요. 미국에서 흑인을 negro라 경멸하듯이, 인디언을 경멸할 때 redskin(빨간 피부)이라고 부른답니다. 그런데 겉은 빨간데, 속은 흰 인디언, 즉 백인같은 인디언을 apple이라 합니다. 또 백인적 사고 방식을 가진 사람은 banana라고 합니다. apple은 속어로 여러 가지 의미를 가집니다. 즉 the big apple이라 하면 미국의 New York 시를 말하고, apple in one's eye는 「눈에 넣어도 아프지 않을 만큼 귀엽다」는 뜻으로 쓰이죠. 이처럼 영어에는 겉뜻으론 알 수 없는 속어가 많답니다.

일기를 직접 써 보세요.

*My English Diary*

*English Diary*

# Fever

Date : Sun., Jun. 3   Weather : Rainy

My heart is leaping.
I like a girl who lives next door. All I know about her is her name. Her name is Jin-Hwa. I want to talk to her, but I have no courage. I am suffering from the fever of love.

〈도움 단어〉

leap [liːp 리프] 껑충 뛰다.
neighbor [néibər 네이버] 이웃 사람, 이웃집.
courage [kə́ːridʒ 커리지] 용기.
fever [fíːvər 피버] 열, 열병.
suffer [sʌ́fər 서퍼] 괴로워하다. 앓다.

## 열병

**날짜 : 6월 3일 일요일    날씨 : 비**

나의 마음은 뛰고 있다.
난 옆집에 사는 한 소녀를 좋아한다.
하지만 난 그녀의 이름만을 알 뿐이다. 그녀의 이름은 진화다. 그녀와 말하고 싶지만 나에겐 용기가 없다. 난 지금 사랑의 열병을 앓고 있다.

### 도움말
◆ 관계 대명사

I like a girl.
She lives next door.
(나는 한 소녀를 좋아한다. 그녀는 이웃집에 산다.)
→I like a girl who lives next door.
(나는 이웃집에 사는 한 소녀를 좋아한다.)

관계 대명사란 위의 예에서 보듯이 두 문장을 하나로 연결해 주는 접속사와 대명사의 역할을 하는 것이다. 관계 대명사는 선행사와 격에 따라 표와 같이 변한다.

| 선행사 \ 격 | 주격 | 소유격 | 목적격 |
|---|---|---|---|
| 사 람 | Who | Whose | Whom |
| 사물·동물 | Which | Whose(of which) | Which |
| 사람·사물·동물 | That | — | That |

다음 두 문장을 한 문장으로 바꾸어 보자.

I know the boy. He speaks French.

I know the boy who speaks French.

(난 불어를 하는 소년을 안다.)

I know the boy. You saw him there.

I know the boy whom you saw there.

(난 너를 거기서 봤다는 그 소년을 안다.)

──────────────────── 쉬어 가는 코너

• UB40의 Can't Help Falling in Love란 노래 아시죠. Popsong을 통해 영어를 배우는 것도 영어 공부의 한 방법이죠.

### Can't Help Falling In Love

*Slowy*　　　　　　　　　　　　　　　　*Sung by UB40*

1. Wise men say only fools rush in But
2. Shall I stay Would it be a sin if

I can't help fall-ing in love with you

Like a riv-er flows sure-ly to the sea Dar-ling so it goes

Some things are meant to be Take my

hand take my whole life too For I can't

help fall-ing in love with you For

I can't help fall-ing in love with you

사랑에 빠질 수밖에 없어요.
1. 현명한 사람은 오직 바보 같은 이들만 사랑을 향해 뛰어든다고 말합니다.
   하지만 난 당신과 사랑에 빠질 수밖에 없어요.
2. 당신 곁에 머물러도 될까요.
   나 당신과 사랑에 빠졌는데 그것이 죄가 되나요.

강물이 흐르고 바다로 가듯 그렇게 모든 일은 흘러가는 것
어떤 일들은 그렇게 예정되어 있답니다.
내 손을 잡아요
내 모든 생명을 다 가져 가세요
나 당신에 대한 사랑을 멈출 수 없으니


### 재미있는 영어 이야기

「Where's the head?」가 무슨 뜻일까요?「머리가 어디냐?」의 뜻이라구요? 아닙니다. 이 문장은 해군 용어로, 배에 있는 화장실은 주로 뱃머리에 있습니다. 'head'란 뱃머리를 말하니까「화장실이 어디 있느냐」하는 말을「Where's the head?」곧「뱃머리가 어디 있느냐?」하고 말하게 된 것입니다. 화장실에 대한 문화도 각양각색이죠.

일기를 직접 써 보세요.

*My English Diary*

*English Diary*

# Rival

Date : Fri., Jun. 15    Weather : Rainy

My friend is my rival in all cases.
He and I are like each other.
He is the most familiar to me in my class.
But he becomes my enemy when we contest each other.
I am happy he is my best friend.

〈도움 단어〉

rival [ráivəl 라이벌] 경쟁자, 적수.
in all cases 모든 면에서.
familiar [fəmíljər 퍼밀리어] 친밀한, 가까운.
enemy [énəmi 에너미] 적.
contest [kántest 칸테스트] 경쟁하다.

### 경쟁자

날짜 : 6월 15일 금요일    날씨 : 비옴

내 친구는 모든 면에서 나의 경쟁자이다.
그와 나는 서로 닮았다.
그는 나와 우리 반에서 가장 친하다.
그러나 우리가 서로 경쟁할 때 그는 적이 된다.
난 그가 나의 친구라서 기쁘다.

### 도움말

◆ one another와 each other의 차이.

둘다 「서로」의 뜻이지만 one another는 셋 이상에서 each other는 둘 사이에서 쓰인다. 그렇다면 아래 문장의 빈 칸을 채워 볼까요.

The three brothers help _____.
(세 형제는 서로서로 돕는다.)
They seems to know _____.
(그들은 서로 알고 있는 것 같다.)

세 개 이상의 대상 중에서 어느 하나가 「가장 ~하다」라는 뜻을 나타낼 때는 〈the+최상급+of(in)~〉을 사용하여 「~중에서 ~하다」를 사용한다.

This pencil is the longest of the three.
(이 연필은 셋 중에서 가장 길다.)
Tom is the tallest (boy) in his class.
(톰은 그의 학급에서 가장 키가 크다.)

━━━━━━━━━━━━━━━━━━━━━━━ 쉬어 가는 코너

• 아래 표를 보고, 문장을 만들어 봅시다.

| name | lives | come to school |
|---|---|---|
| Mi-Mi | Seoul | by subway |
| Young-Hee | Pusan | on foot |
| Cheol-Soo | Taejŏn | by bus |
| Young-Min | Suwon | by streetcar |
| Sŏn-Hee | Kwangju | by train |

ex) Mi-Mi lives in Seoul.

　　She comes to school by subway.


1) Young-Hee _____.

　　She _____.

2) Cheol-Soo _____.

　　He _____.

3) Young-Min _____.

　　He _____.

4) Sŏn-Hee _____.

　　She _____.

### 재미있는 영어 이야기

　　Armageddon이란 제목을 가진 이현세의 만화를 보셨을 겁니다. 그럼 Armageddon은 무엇을 뜻하는 것일까요? Armageddon이란 세계 종말의 날에 '선'과 '악'이 결전을 벌이게 되는 장소를 말하는 것으로, 요한계시록 16장 16절에 나오는 말입니다. 이것은 '최후의 대결전'이나 '국제적인 대결전'을 상징하며 제3차 세계 대전이 일어난다면 그것은 사상 초유의 대결전이 될 것이기 때문에 이 Armageddon에 비유됩니다.

일기를 직접 써 보세요.

*My English Diary*

*English Diary*

# What a wonderful game it was!

Date : Thu., Jun. 21    Weather : Cloudy

At last, World Cup football was played in U.S.A..
My friends are falling asleep in class.
Because they watched the football game on TV at dawn.
Today Korean players did their best.
What a wonderful game it was!
I am proud of our football players.

〈도움 단어〉

wonderful [wʌ́ndərful 원더풀] 이상한, 놀라운.
be proud of ~이 자랑스럽다.
fall asleep 졸다, 잠들다.
do one's best 최선을 다하다.

### 얼마나 멋진 경기였던가

날짜 : 6월 21일 목요일    날씨 : 흐림

드디어 월드컵 축구가 미국에서 개막되었다.
내 친구들은 수업 시간에 졸고 있다.
다 새벽에 축구를 봐서 그런 것 같다.
오늘 한국 선수들은 최선을 다했다.
얼마나 멋진 경기였던가!
난 우리의 축구 선수들이 자랑스럽다.

### 도움말

◆ '감탄문'이란 「참으로 ~하구나!」란 뜻으로 풀이되며 놀라움, 감탄을 나타내는 문장이다. 형태는 「what+a(an)+형+명+주+동!」이지만 의문의 뜻은 없지요. 즉, What an interesting book it is!의 형태를 가지는 거지요. 또 같은 감탄문의 형태로 「How+형(부)+주+동!」도 있지요. 그럼 연습해 봅시다. 다음 문장을 감탄문으로 바꾸어 봅시다.

It is a very large animal.
→What a large animal it is!
It is a very old bell.
→What an old bell it is!
This book is very interesting.
→How interesting the book is!

※「How 감탄문」과「What 감탄문」의 차이점.
「How 감탄문」은 형용사를 강조하지만,「What 감탄문」은 명사를 강조하는 것 아시죠.

—————————————————————————— 쉬어 가는 코너

● 어제 방과 후에 수미, 철수, 영희, 미미, 영수, 영민이는 아주 바쁜 하루를 보냈습니다. 그들은 무얼하고 시간을 보냈을까요?

What are Young-Soo and Young-Min doing?
－They are playing hide-and-seek.
What are Young-Hee and Su-Mi doing?
－They are ironing their dresses.
What is Cheol-Soo doing?
－He is listening to the radio.
What is Mi-Mi doing?
－She is washing the dog.

**재미있는 영어 이야기**

동물들의 울음소리를 듣는 것은 한국인이나 미국인이나, 동양인이나 서양인이나 다 똑같을 것입니다. 그런데 그것을 의성어로 표현했을 때는 너무도 다르죠. 예를 들어, 우리에게 고양이 울음소리는 '야옹'이지만 미국인들에게 고양이 울음소리는 '미아우(*meow*)'이고, 한국의 닭은 '꼬꼬댁'하고 울지만, 미국의 닭은 '칵카두들두(*Cock-A-Doo Dle-Doo*)'하며 울고 벌은 '윙', 미국의 벌은 '버즈(*buzz*)'하고 날아다니죠. 그런데 동·서양의 비둘기는 모두 '구구(*coocoo*)'하고 운답니다. 참 재밌죠.

일기를 직접 써 보세요.

My English Diary

*English Diary*

# Climbing

Date : Sun., Jun. 24   Weather : Fine

Today I am going to climb the mountain with my father.
We decided to climb the In-Wang mountain. We started at home in the morning, arrived at the top of the In-Wang mountain in the afternoon.
At the top, I looked down on the world, and my mind was open.
My father told me that climbing was the life.

〈도움 단어〉

climb [klaim 클라임] 오르다, 기어오르다 .
decide [disáid 디사이드] 결정하다, 결심하다 .
top [tɑp 탑] 정상, 꼭대기 .
mind [maind 마인드] 마음, 정신 .

## 등산

날짜 : 6월 24일 일요일    날씨 : 맑음

오늘 난 아버지와 산에 가기로 했다. 우리는 인왕산에 오르기로 결정했다. 우리는 아침에 집에서 출발해서, 인왕산 정상에 오후에 도착했다. 정상에서 세상을 바라보니, 내 마음은 열렸다.
아버지께서 등산은 인생이라고 말씀하셨다.

### 도움말
◆ 화법

다른 사람의 말을 전달하는 방법에는 두 종류가 있는데 이 표현 방법을 화법이라 합니다.

1. 직접 화법 : 남의 말을 그대로 전달하는 것을 말합니다.
He said, "I am happy now." (그는 "나는 지금 행복하다"고 말했다.)

2. 간접 화법 : 전달하는 사람의 입장에서 말을 바꾸어 전달하는 것을 말합니다.
He said that he was happy then. (그는 그때 행복했다고 말했다.)

3. 전환 : 직접 화법을 간접 화법으로 바꾸는 순서는 아래와 같습니다.
① 콤마와 인용 부호를 없앤다.
② 적절한 전달 동사를 생각한다.
③ 전달동사(say, tell)가 과거이면, 피전달문의 동사는 「현재→과거」「과거→과거완료」로 된다.

④ 인칭 대명사는 적절히 바꿔 준다.
⑤ 지시 대명사나 부사는 전달자에 맞게 바꿔 준다.

그럼, 위 순서를 잘 기억하고, 한번 수학의 대입법을 사용하여 바꿔봅시다.

He said to me, "I am very busy now."
① →He said to me I am very busy now.
② →He told me I am very busy now.
③ →He told me I was very busy now.
④ →He told me he was very busy now.
⑤ →He told me he was very busy then.
영어 문법은 수학 공식과 비슷합니다.

──────────────────────── 쉬어 가는 코너

- 여러분들은 여러가지 동물들의 이름을 영어로 알고 있습니까? '동물'은 영어로 'animal'이라고 하죠.

다음에 나와 있는 동물들의 그림을 통해서 영어 이름을 익혀 보세요.

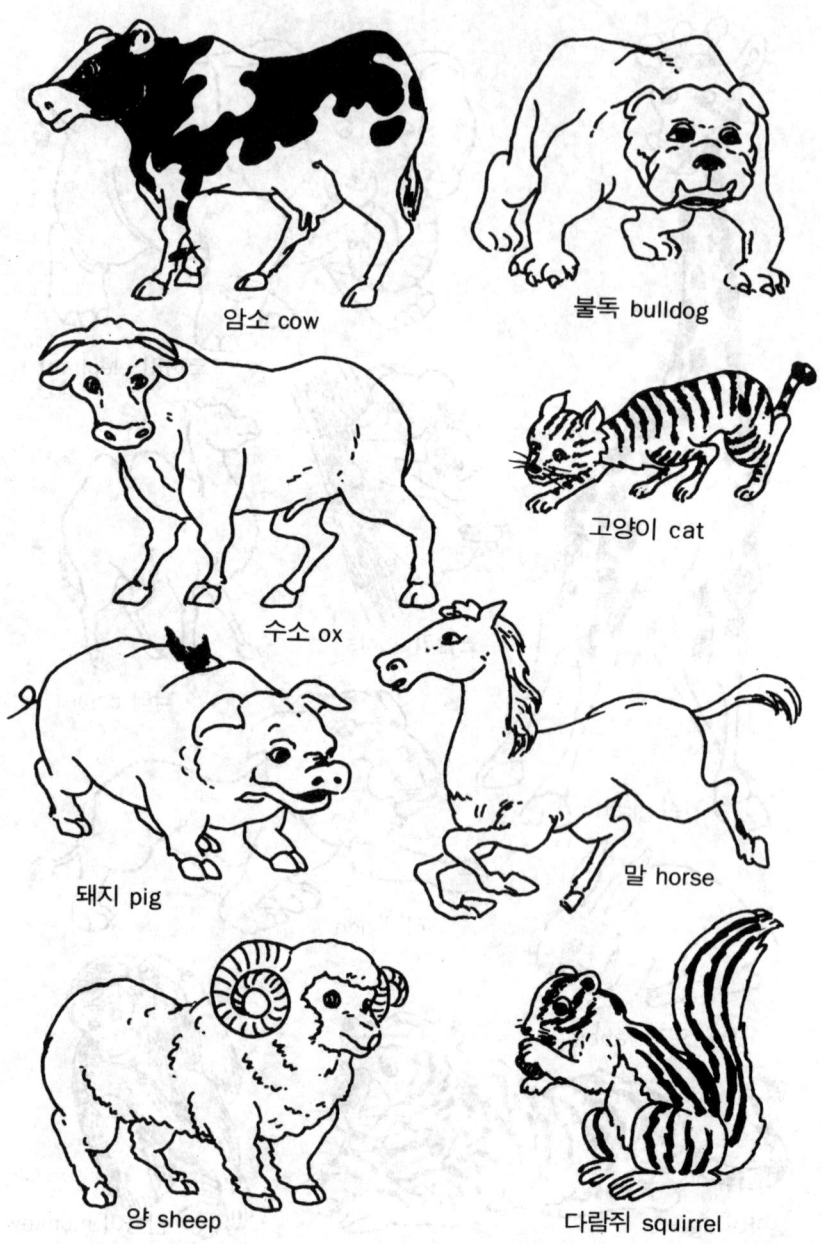

## 재미있는 영어 이야기

영어에도 우리말처럼, 「이 콩깍지는 깐 콩깍지냐 안 깐 콩깍지냐」 식으로 말 빨리하는 놀이가 있답니다. 같은 음을 계속해 놓아 발음하기 힘들게 하는 것이지요. 즉 다음 세 문장을 읽어 볼까요.

A big black bug bit a big black bear.
She sells seashells on the seashore.
You two, too, must be here from two to two to two.

일기를 직접 써 보세요.

*My English Diary*

*English Diary*

# English study

Date : Mon., Jul. 2    Weather : Foggy

I have studied English for two years.
English is as difficult as mathematics.
Now I like English among the other subjects.
I study English very hard. And I want to be a diplomat.

〈도움 단어〉

subject [sʌ́bdʒikt 서브젝트] 과목, 주제.
diplomat [dípləmæt 디플러맷] 외교관.

## 영어 공부

날짜 : 7월 2일 월요일    날씨 : 안개

영어 공부를 시작한 지 2년이 되었다.
영어 과목은 수학만큼 어렵다. 이제 난 다른 과목 중에 영어를 좋아한다. 나는 영어를 열심히 공부해서 외교관이 되고 싶다.

### 💥 도움말
◆ 현재 완료

I have studied English for two years. (나는 영어 공부를 시작한 지 2년이 되었다.)

「have+과거분사」의 형태를 현재 완료라고 하고, 여기에는 완료, 경험, 계속, 진행의 용법이 있습니다. 해석은 「계속해서 ~해 왔고, 앞으로도 할 예정」으로 해석이 되죠.
 since와 for가 현재 완료에서 많이 쓰이는 단어들이니 기억합시다. 그럼 다음 두 문장을 현재 완료로 바꾸어 볼까요.
 He came to Korea two weeks ago. (그는 2주 전에 한국에 왔다.)
 He is still in Korea. (그는 아직도 한국에 있다.)
 →He has been in Korea for two weeks.
  (그는 2주 동안 한국에 있다.)
 I knew him two years ago. (나는 그를 2년 전에 알았다.)
 I still know him (나는 여전히 그를 알고 있다.)
 →I have known him for two years.
  (나는 2년 동안 그를 알아오고 있다.)

─────────────────────── 쉬어 가는 코너

• 우리가 흔히 「~해도 될까요」하고 물어보는 경우가 있죠. 이럴 땐 영어로 「May I ~」의 표현을 많이 씁니다. 그럼 아래 그림을 보고, 보기의 문장과 짝지워 봅시다.

a) May I watch TV?

b) May I close the window?

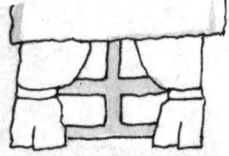

 c) May I use your telephone?

d) May I go to the toilet?

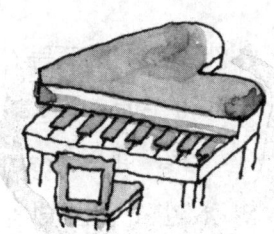 e) May I play the piano?

### 재미있는 영어 이야기

　우리는 장난으로 안경 쓴 사람을 '목사'라고 하지요? 물론 교회의 목사를 말하는 것이 아니라 눈 목(目)과 넉 사(四)자를 사용해서 눈이 네 개라는 의미의 목사를 말하는 것이지요.

　그렇다면 영어에선 안경잡이를 뭐라 할까요? 영어도 똑같습니다. 영어로는 안경 쓴 사람을 놀릴 때 four-eyes라고 하지요. 또 이에 치열교정기를 낀 아이들을 놀릴 때는 train track teeth라고 하지요. 영어권에서는 안경 낀 사람은 연약하고 복종적인 이미지로 받아들여지기도 합니다.

일기를 직접 써 보세요.

*My English Diary*

*English Diary*

## School picnic

Date : Tue., Sep. 6     Weather : Fine

Today at school we went on a picnic to Kang-Hwa Island.
I could not get to sleep last night. Because I worried about today's weather. Fortunately, the weather was fine. We had a good time today. And we learned about 'the battle of Kang-Hwa Island'. We were moved by the story.

〈도움 단어〉

picnic [píknik 피크닉] 소풍.
fortunately [fɔ́ːrtʃənitli 포오츠니틀리] 다행히.
move [muːv 무브] 움직이다. ~를 감동시키다.
worry [wə́ːri 워어리] 걱정하다.

## 학교 소풍

날짜 : 9월 6일 화요일    날씨 : 맑음

오늘 학교에서 강화도로 소풍을 갔다. 나는 간밤에 한잠도 못 잤다. 왜냐하면 난 오늘의 날씨를 걱정했기 때문이다. 다행히 날씨는 화창했다. 우리는 즐겁게 놀았다. 그리고 '강화도 전투'에 대하여 배웠다. 우리는 이 이야기에 감동받았다.

---

### 🌟 도움말

◆ because와 for

「~때문에」라는 뜻의 이유를 나타내는 접속사로는 because와 for가 있지요. 그런데 각기 조금씩 뜻이 달라요. because는 처음부터 알고 있던 이유를, for는 등위 접속사로 나중에 생각난 이유를 설명해 주죠. 예를 볼까요?

He can't go with us because he is very sick.
(그는 몹시 아프기 때문에 우리와 함께 갈 수 없다.)
It is morning, for the birds are singing.
(새가 지저귀고 있는 것을 보니 아침이다.)

―――――――――――――――――― 쉬어 가는 코너

● 다음 그림을 보고 문장에 알맞는 형용사를 넣어보세요.

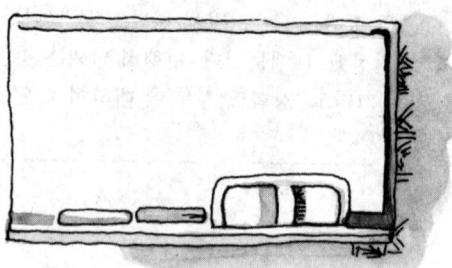

1) This blackboard is _____.
2) This boy is _____.

3) This bus is _____.
4) This cup is _____.

〈보기〉 young, clear, fast, small

## 재미있는 영어 이야기

　우리 나라에는 아주 아름다운 속담이 있지요. 그런데 서로 예전에 만난 적도 없던 동·서양인들의 속담 중 같은 것이 있답니다. 이번에는 그런 속담을 알아봅시다. 「To teach a fish how to swim.」은 직역하면 「물고기에게 수영을 가르친다」이지만, 이는 「공자앞에서 문자 쓴다」는 동양의 속담과 같고, 「Every dog has his day.」는 「쥐구멍에 볕들 날이 있다」는 속담과 같습니다.

일기를 직접 써 보세요.

*My English Diary*

해답

### ⟨Pen-Pal⟩
p. 30
1) in   2) with   3) on

### ⟨What I want to be⟩
p. 36
1) fireman   2) teacher   3) soldier   4) artist

### ⟨My garden⟩
p. 56
1) after   2) at   3) for

### ⟨Nam-Gil's Birthday⟩
p. 86
1) Jae-Hong's clock   2) Nam-Gil's dog
3) Young-Suk's chair

### ⟨Summer⟩
p. 93
1) He writes a letter.   2) He opened the window.
3) Mary helps her mother.

### ⟨My face⟩
p. 99

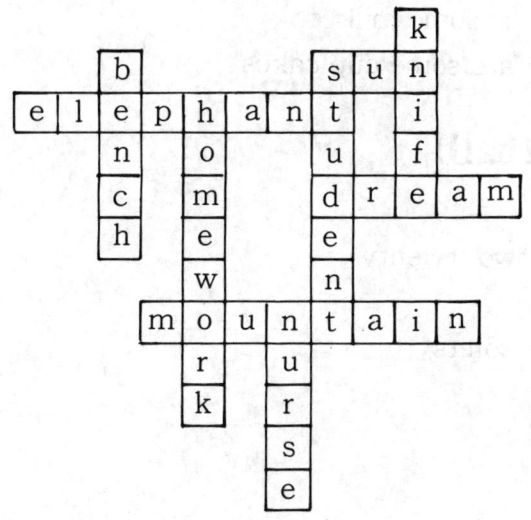

p. 116

1) book   2) dool   3) flower   4) clock

## ⟨Mung-Chi⟩

p. 133

1) eating   2) reading   3) walking   4) drinking

## ⟨My favorite season⟩

p. 141

1) May and June's weather is warm and wet.

2) July and August's weather is hot and wet.

3) November and December's weather is dry and cold.

## ⟨The practice teacher⟩

p. 148

1) there is any meat.

2) there are any orange.

3) there is some milk .
4) there are some cup cakes .

## ⟨Basketball⟩

p. 161
1) thirty-two, twenty
2) Korea
3) twelve points

## ⟨Game⟩

p. 167
1) in front of   2) behind   3) between   4) on   5) under

## ⟨My room⟩

p. 178
1) on   2) under   3) on   4) beside   5) beside   6) above

## ⟨Rival⟩

p. 207
1) lives in Pusan.
   comes to school on foot.
2) lives in Taejŏn.
   comes to school by bus .
3) lives in Suwon
   comes to school by streetcar.
4) lives in Kwangju.
   comes to school by train.

## 서림능력개발총서

- 이 한 권의 선택으로 승자가 되지 않으시렵니까?
- 진실로 좋은 책은 서서히, 그리고 조용히 알려집니다.

○**고사성어 사전** -동양 지혜의 샘, 지식의 보고- · 값 19,000원
중국 고전의 고사·성어 3,000여 항목을 가려 뽑아 그 뜻을 우리 말로 풀이하고, 출전과 함께 원문·번역·유사구 등 해설을 곁들인 사전

●**명언·명구 활용사전** -즉석활용 스피치 사전- · 값 15,000원
약혼·결혼·수연·회갑·초대·환영·취임·송별·연수·연구·조례·입학·졸업·동창·추도 등 행사에서 즉흥적으로 활용할 수 있도록 명언과 명구를 사전식으로 분류한 책

○**세계 명연설 활용사전** -사전식 세계 연설문집- · 값 12,000원
고금의 정치·경제·교육·종교 등 각 분야에 걸쳐 전세계를 감동시켰던 명연설을 가려 뽑아 희랍·로마시대편, 근세편, 최근세편, 현대편으로 구분하여 엮은 책

●**식사·스피치 활용사전** -훌륭한 인사말의 화술- · 값 13,000원
세미나를 비롯하여 결혼·졸업·개업·기념식 등 각종 행사에서 인사말을 어떻게 할 것인가, 그 실례의 본보기들을 모아 사전식으로 엮은 책

○**독서와 속독의 새 기술** -지적(知的) 작업을 위한 기술과 비결- · 값 8,000원
책이나 글의 자료·지식을 쌓기 위해 짧은 시간에 많은 양을 소화시키는 비법. 수험생들의 논술, 대학생들의 리포트 작성의 고민을 덜어 주는 책

●**세일즈와 화술** -거절의 종류와 대응법- · 값 7,000원
세일즈는 고객의 갖가지 거절에 대한 응수를 얼마나 능숙하게 잘 하느냐에 달려 있다. 이 책이 곧 고객이 요구하는 상품의 조건·종류·정보 등을 파악하여 만족을 주는 화술 비법

○**화술과 자기표현** -나를 어필하는 기술- · 값 7,000원
인간관계의 기본은 대화이다. 그 대화로 상대의 마음을 열고, 그를 감동시키며, 나를 돋보이게끔 하는 데에 자신과 용기를 심어 주는 책

●**화술과 3분 스피치** -3분에 끝내는 기술- · 값 6,000원
훌륭한 스피치는 청중의 가슴에 영원히 새겨진다. 각종 회의·행사·연회에서 단 3분에 할 수 있는 스피치 원고 작성의 지침서

○**설득의 화술** -나를 애해시키는 기술- · 값 6,000원
설득은 자기 방어의 최대 무기이다. 통치자·지도자·기업인·관리인·교사·세일즈맨 등 누구나 갖추어야 할 설득력의 묘법을 일깨워 주는 책

●**사랑받는 여성의 화술** -자신 있게 사는 여자의 길- · 값 6,000원
직장에서, 사교에서, 전화에서, 연애에서, 또 아내로서, 며느리로서 화통하고 사랑스러운 여자가 되기 위해 꼭 한번은 읽고 싶은 책

○**초능력 기억술** -줄줄 외워지고 빨리 외워지는 방법- · 값 6,000원
기억술의 기본원리·고속 기억술·대량 기억술·확실 기억술의 방법을 터득하면 「보다 빨리, 보다 많이, 보다 확실하게」 기억할 수 있는 테크닉을 배울 수 있다.

●**마인드콘트롤** -두뇌 혁명의 돌풍- · 값 9,000원
당신의 능력을 무한대로 키우는 가장 기본적인 콘트롤의 연습을 마스터한 다음에는 다음의 수련 코스를 수련할 수 있다. 집중력·의지력·징크스 극복·기억력 향상·창조력·흥분(긴장)의 방지·실력을 100% 높이는 훈련 등

**서림문화사**
주 소 : 서울시 종로구 종로 6가 213-1 (영안빌딩 101호)
전 화 : (02)763-1445, 742-7070 FAX:(02)745-4802

## 영어로 쓰는 일기  값 7,000원

1판5쇄 2003년 2월 25일 인쇄
1판5쇄 2003년 2월 30일 발행

편 저 자/ 임 영 규

발 행 처/ 서림문화사
발 행 자/ 신 종 호
주    소/ 서울 종로구 종로 6가 213-1
          (영안빌딩 101호)
홈페이지/ http://www.kung-fu.co.kr
전    화/ 763-1445,742-7070
팩시밀리/ 745-4802

등    록/ 제1-218호(1975.12.1)
특허청 상호등록/ 022307호

ⓒ1995. Seolim Publishing Co., Printed in Korea
ISBN 89-7186-323-4-53740
ISBN 89-7186-006-5(세트)